AF600903

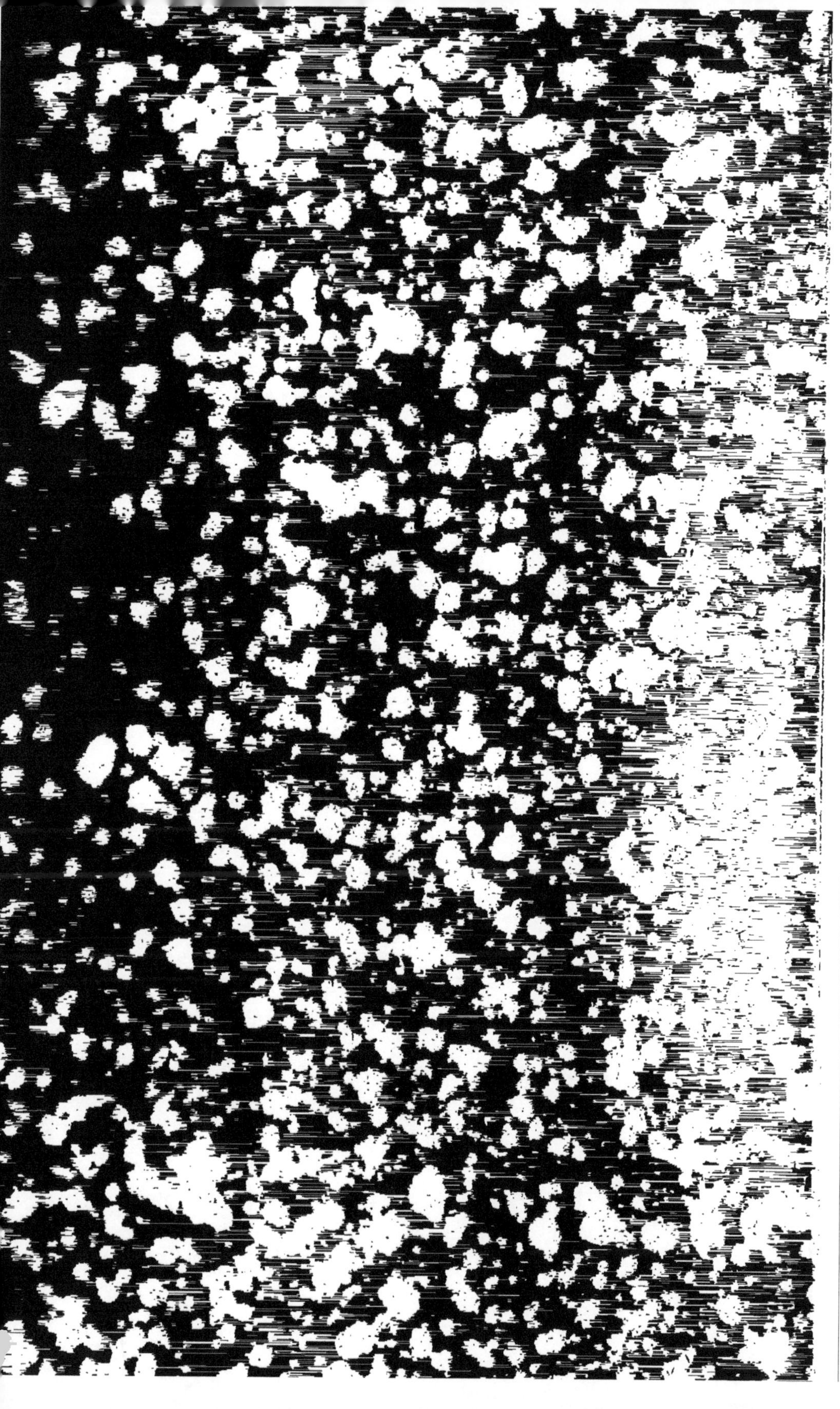

SAINTE

GERMAINE COUSIN

ERMAINE COUSIN

Vue du village de Pibrac.

SAINTE

GERMAINE COUSIN

BERGÈRE DE PIBRAC

PAR

MAXIME DE MONTROND

CHEVALIER DE L'ORDRE DE SAINT-GRÉGOIRE LE GRAND

Mirabilis Deus in sanctis suis (PS. LXVII. 36.)

LIBRAIRIE DE J. LEFORT

IMPRIMEUR ÉDITEUR

LILLE
rue Charles de Muyssart, 24
PRÈS L'ÉGLISE NOTRE-DAME

PARIS
rue des Saints-Pères, 30
J. MOLLIE, LIBRAIRE-GÉRANT

1868

INTRODUCTION

Le 29 juin 1867, au milieu d'une auguste assemblée de cinq cents évêques, réunis à Rome de tous les coins du globe pour célébrer le dix-huitième centenaire du martyre de saint Pierre, le Vicaire de Jésus-Christ inscrivait de nouveaux noms dans le catalogue des saints. Les uns, héroïques martyrs, avaient versé leur sang pour la foi; les autres, intrépides missionnaires, avaient conquis la couronne des élus dans les labeurs d'un long apostolat.

Dans les rangs de cette illustre phalange d'amis de Dieu se trouvait aussi une pauvre petite bergère, morte à vingt ans, dans un village obscur de la France. Qu'a-t-elle donc fait ici-bas, pour mériter de voir ainsi sa houlette, gardienne d'un troupeau, transformée en palme triomphale dans le séjour des bienheureux?

Elle a fait peu de chose en apparence, mais beaucoup en réalité. Germaine Cousin est de la famille de ces bienfaisantes saintes dont le passage sur la terre a été et sera longtemps pour beaucoup d'âmes une source féconde de consolations et d'espérances. Le passage des saints ici-bas n'est point comme celui du navire sur l'onde, qui ne laisse qu'un sillage presque aussitôt évanoui. Le sillage des saints sur le fleuve du temps a plus de durée. Une fois tracé, il ne disparaît plus; on le retrouve toujours et partout. Il est des saints et des saintes cependant dont la traversée terrestre, si courte qu'elle soit, plus encore que celle d'autres bienheureux, est un immense bienfait du Ciel.... Germaine Cousin nous semble être de ce nombre.

Lorsqu'on jette un premier regard sur l'existence de cette humble bergère, on est frappé de voir tous les maux, toutes les afflictions de la vie humaine réunis sur une seule tête. Germaine n'a rien possédé de ce que le monde estime : naissance, fortune, beauté, dons de l'esprit, tout cela lui fut étranger. Une admirable patience à supporter les infirmités, la pauvreté, le délaissement absolu de toutes les créatures et les persécutions même dans le sein de sa propre famille : voilà seulement ce qu'on a vu briller en Germaine! et voilà aussi le trésor de ses mérites ici-bas, couronnés aujourd'hui d'une éternelle gloire dans les cieux!

S'il n'est pas donné à tous de conquérir le ciel par le martyre, par les labeurs de l'apostolat, par de grandes actions ou d'éclatantes vertus, tous peuvent donc y arriver également par le chemin de la résignation et de la patience. Que de voyageurs, dans *cette vallée de larmes*, sont destinés à traverser la vie par ce rude chemin de la résignation et de la patience! Pauvres voyageurs, consolez-vous, et reprenez courage, à la vue du touchant exemple offert à vos regards!

Au sein de la gloire et du bonheur qu'ils ont conquis, les saints, devenus nos patrons et nos puissants protecteurs, nous tendent une main secourable. Selon une croyance générale, chaque saint est le patron plus spécial de ceux qui ont surtout besoin dans la route de la vie des vertus dont il fut un parfait modèle. Qu'elle vienne donc à sainte Germaine la longue troupe des infortunés qui ont besoin de résignation et de patience! Germaine saura les secourir, les fortifier, les consoler. N'avions-nous donc pas raison de dire que le passage ici-bas de l'humble bergère, couronnée aujourd'hui dans la gloire, est un immense bienfait du Ciel?

La vie de Germaine comprend deux parties. La première, réduite à vingt années, s'est écoulée sans bruit dans un pauvre village, au milieu des champs. C'est une humble violette cachée sous l'herbe, que son parfum trahit enfin, mais qui disparaît presque aussitôt... La seconde, commençant quarante années après sa mort et s'étendant jusqu'à nos jours, nous apparaît au contraire comme un lis éclatant que la main de Dieu a tiré de la solitude, et dont il se plaît à rehausser la beauté, afin qu'au jour marqué dans ses desseins, la fleur virginale vienne prendre son rang d'honneur dans les jardins sacrés de l'Eglise.

Nos regards vont s'arrêter tour à tour sur l'humble violette des prés et sur le lis éclatant des célestes jardins. Dans une première partie, nous rappellerons la vie de Germaine Cousin. Dans une seconde, nous raconterons le travail admirable de la gloire dont elle jouit aujourd'hui. Dans le premier tableau, c'est Dieu et Germaine agissant de concert pour former une âme sainte. Le second nous offre une œuvre merveilleuse, uniquement divine... Ici c'est Dieu seul qui a tout fait.... C'est Dieu qui a pris en quelque sorte notre humble bergère par la main pour la placer sur les autels de son Eglise. Elle n'a point été protégée dans sa cause par l'héroïsme du martyre, par l'éclat des grandes actions, par les travaux d'un zèle infatigable, par l'institution d'un ordre, par la longévité d'une vie consacrée tout entière aux œuvres de miséricorde : tout cela lui a manqué. La patience, la résignation, redisons-le encore, ont été les seuls échelons de sa gloire.

Dieu avait ses desseins en réservant à nos jours la glorification des vertus de la douce bergère de Pibrac. Suivant la pensée d'un éminent orateur, elle donne maintenant à notre siècle les deux révélations dont il a le plus de besoin :

savoir souffrir, savoir aimer. Cette humble fille des champs sera aussi pour notre temps une *puissance conservatrice* : elle arrêtera les torrents humains débordés, qui refluent vers les villes, en délaissant trop souvent les campagnes, qui sont pourtant le lieu aimé du Ciel[1].

Puisse le double tableau que nous allons offrir à nos lecteurs, instruire, édifier et consoler quelques âmes, en popularisant le culte de l'aimable sainte dont le patronage fait luire désormais de nouveaux rayons de paix et de sérénité sur le ciel de notre chère patrie !

[1] Pensées éloquemment développées par Mgr Mermillod, dans son panégyrique de la sainte, à Toulouse.

SAINTE

GERMAINE COUSIN

PREMIÈRE PARTIE

CHAPITRE I

Patrie, naissance de Germaine. — Première infortune.

A quatorze kilomètres à l'ouest de Toulouse s'élève, sur le penchant d'un coteau, un village d'environ deux cents feux. C'est Pibrac, anciennement seigneurie appartenant à la noble famille du Faur. On y voit le château flanqué de tours et couronné de créneaux dans lequel Gui du Faur de Pibrac, l'une des illustrations de cette famille, reçut, avec une magnificence princière, la reine Catherine de Médicis [1].

[1] Gui du Faur de Pibrac, né à Toulouse en 1528, mort en 1584. Il fut

Le village de Pibrac, entouré de monticules, comme d'une ceinture, ne brille nullement par la variété et l'élégance de ses édifices; la plupart des maisons sont humbles et pauvres, comme les habitants qui passent leur vie à paître leurs troupeaux et à cultiver quelques champs assez fertiles. Le plus précieux héritage de leurs aïeux est leur fidélité ferme et constante dans la foi catholique, alors même que l'hérésie envahissait en divers temps tous les pays d'alentour.

Mais ce petit village, si pauvre en apparence, est riche d'un trésor qui le rend célèbre; c'est là qu'est sa gloire avec sa félicité.

Au pied de la colline sur laquelle est bâti Pibrac, et dans la direction du nord-ouest, coule un ruisseau appelé *le Courbet*, qui prend sa source dans le pays des Auscitains, sur la commune de Pujaudran, à l'extrémité de la forêt de Bouconne. Après avoir traversé ce ruisseau, on trouve une longue chaîne de collines formant à leur sommet une plaine sur laquelle on découvre plusieurs fermes et un hameau appelé *le Gainé.* Auprès de ce hameau, vous apercevez une habitation, la plus petite de toutes : elle porte encore le nom de *Maître Laurent.* C'est là qu'en l'année 1579 naquit sainte Germaine.

Son père et sa mère s'appelaient Laurent Cousin et

juge-mage à Toulouse, député aux états généraux d'Orléans en 1560, ambassadeur de Charles IX au concile de Trente, avocat général au parlement de Paris en 1565, conseiller d'Etat, président du parlement de Paris, et enfin, en 1578, chancelier de Marguerite de Navarre. Il a laissé des discours et divers écrits politiques; mais il est connu surtout par ses fameux *Quatrains moraux*, composés en 1574, et traduits depuis dans toutes les langues.

Marie Laroche. C'étaient de bons et honnêtes cultivateurs, de condition pauvre, qui s'occupaient uniquement à travailler leur bien. Un petit champ et un troupeau de peu de valeur suffisaient à leurs modestes besoins : la bénédiction de Dieu reposant sur eux, ils étaient riches de ses dons et heureux de ses bienfaits.

En cette même année 1579, était conclue la paix de Nérac. Un pieux biographe de notre sainte, que nous citerons plus d'une fois, fait ici d'heureux rapprochements. « Près de seize siècles, dit-il, s'étaient écoulés depuis que le berceau d'un enfant avait porté la paix au monde; celui d'une pauvre bergère parut marquer le terme des luttes et des combats qui depuis bien des années ensanglantaient les riches et belles contrées où elle avait pris naissance. Laurent Cousin était bon catholique, il n'y avait point de huguenots à Pibrac, et le nom qu'il fit donner à sa fille montre évidemment la certitude de son baptême. Ce ne fut pas sans un dessein particulier de la Providence qu'elle fut placée sous la protection d'un saint qui, onze siècles auparavant, avait pris soin d'une autre petite bergère et l'avait consacrée à Dieu en lui révélant sa future destinée : c'était saint Germain d'Auxerre. Ce qu'il fit par ses exhortations et ses conseils pour la vierge de Nanterre, il put le faire du haut du ciel par son intercession pour celle de Pibrac; et ne pouvait-il pas dire aux parents chrétiens de cette enfant qui portait son nom, ce qu'il dit à Sévère, père de Geneviève : « Est-ce là votre fille? Que je vous félicité d'avoir donné le jour à une si précieuse enfant! Les anges dans les cieux ont célébré sa naissance par des cantiques de joie ; elle sera grande devant le Seigneur[1]. »

Ainsi qu'il arrive d'ordinaire dans les plus humbles foyers non moins que dans les plus riches manoirs, la naissance de cette enfant dut être saluée avec bonheur. Mais les joies de la famille furent bientôt troublées : on s'aperçut que la pauvre petite fille était percluse de la main droite et qu'elle était sujette à des humeurs scrofuleuses. Les parents de Germaine demandèrent sans doute à l'art quelques remèdes pour la guérir ; les remèdes furent impuissants. Ils durent se résigner et se dire tristement que leur pauvre enfant demeurerait toujours infirme. Voilà donc Germaine entrée dans la vie par la voie de la douleur. Les premières afflictions qu'elle éprouva, elle les reçut de la nature, cette mère commune de tous les homme, si libérale à l'égard de tant d'autres enfants. Mais tels étaient les desseins de Dieu, qui voulait offrir au monde, dans cette petite fille des champs, un modèle admirable d'humilité et de patience.

On ne sait rien positivement de la première éducation qui fut donnée à Germaine dans son enfance. Il est du moins certain qu'elle apprit sur les genoux de sa mère à connaître Dieu, à prononcer son nom, à former sur son front le signe du chrétien. Marie Laroche aimait doublement cette enfant, d'abord par le sentiment que la nature inspire et ensuite par l'intérêt dont l'environnaient ses infirmités. Quelle est la mère qui n'éprouve en son cœur une plus grande tendresse pour son pauvre enfant dis-

[1] L'abbé Salvan : *Hist. de la B. Germaine de Pibrac.*

gracié, infirme? La pieuse mère chérissait donc sa petite Germaine. Elle la conduisait toute petite à l'église paroissiale, et lui faisait remarquer l'autel, le tabernacle, les flambeaux, les images des saints, et surtout la douce image de la Mère de Dieu, qui tient son Fils entre ses bras. Qu'est-il besoin de paroles et de leçons? Dans ces premiers enseignements d'une mère à son jeune enfant par la vue de quelques objets sensibles, il y a tout un système admirable d'éducation religieuse. Les impressions sont reçues alors avec une merveilleuse facilité, et si une nature heureuse seconde ce premier enseignement maternel, ces impressions ne s'effacent jamais.

Il en fut ainsi de la petite Germaine. Mais les baisers maternels devaient bientôt interrompre leur cours sur son jeune front : dès l'âge de cinq ans, d'après d'unanimes témoignages, Germaine Cousin perdit sa pieuse mère.

Heureux l'enfant qui traverse ses premières années à côté de cet être si aimant et si tendrement aimé qu'il appelle *ma mère!* A chaque âge, une mère est toujours pour nous l'ange gardien visible que Dieu, dans son infinie bonté, a placé près de nous, après avoir formé son cœur à la ressemblance du sien. L'homme lui-même, qui chemine dans la vie, sous l'égide de cet ange bienfaisant, se sent heureux et plus fort; il lui semble que la terre a quelquefois les parfums du ciel, et quand une cruelle séparation lui ravit ce trésor, il doit toujours se dire : J'ai perdu mon plus grand bien, le cœur qui m'a le plus aimé.

Mais si la perte d'une mère est cruelle à tous les âges, combien l'est-elle plus encore pour le pauvre enfant qui perd tout avec elle ! La petite Germaine, infirme, orpheline, bientôt placée sous le joug d'une marâtre, nous apparaît grandement digne de pitié. N'en jugeons pas comme le monde ; ces rudes infortunes au début de la vie furent plutôt les premières grâces de Dieu : jetant tout de suite dans le creuset l'or de cette âme prédestinée, il en tira aussitôt le trésor épuré dont il voulait enrichir la terre et le ciel.

Maison de naissance de Germaine.

CHAPITRE I

Enfance de Germaine

Peu de temps après la mort de Marie Laroche, le père de Germaine se remaria. Il devait espérer que sa fille trouverait dans sa nouvelle compagne une seconde mère : peut-être même avait-il eu en vue, dans cette seconde union, l'intérêt de son enfant. On voit souvent de tendres pères chercher ainsi à rendre autant qu'il est en eux à de petits orphelins le trésor qu'ils ont perdu. Il arrive quelquefois que leur attente n'est point trompée... trop souvent, au contraire, leur espoir est étrangement déçu. Laurent Cousin en fut un exemple. La petite Germaine, loin de retrouver une seconde mère sous le toit paternel, n'y trouva qu'une indigne marâtre.

Au lieu d'être touchée de pitié en faveur de la pauvre orpheline que la Providence lui confiait, cette femme la prit en aversion. Rien ne put triompher de la répugnance qu'elle conçut pour Germaine. La candeur et l'ingénuité de cette enfant l'irritaient ; ses infirmités lui causaient du dégoût. Elle étudia dès lors et arrêta dans son esprit un système de persécution contre cette chétive créature, qui réclamait d'elle, avec un peu d'amour, protection et appui. L'éloigner sous quelque prétexte de la maison paternelle, lui ravir, par d'injustes accusations, l'affection même de son père, la dégrader enfin en la traitant comme une vile esclave, voilà quel fut le plan de cette méchante femme. Elle saura trop bien le réaliser. Mais Dieu formait un autre plan à l'égard de la petite prédestinée. Cet abandon, ces calomnies, ces dégradations vont devenir pour Germaine le principe de la plus haute sainteté. Aujourd'hui, loin de plaindre son infortune, ne devons-nous pas plutôt bénir le Seigneur d'avoir mis ainsi chaque jour à une cruelle épreuve la patience de la pauvre enfant pour lui donner l'occasion d'acquérir les plus hautes vertus?

La vie de Germaine ne s'offre point à nous comme celles de tant d'autres saintes, qui se déroule dans une longue suite d'actes compris entre leur naissance et leur bienheureuse mort. Au lieu de cette abondante moisson de faits qu'on aime à recueillir, le biographe ne peut glaner ici que quelques épis épars çà et là et échappés à l'oubli. Un petit nombre de traits recueillis par la tradition et par les souvenirs tranche seulement sur le fond uni de cette rapide existence de vingt années; tout le reste est une solitude mystérieuse où l'on ne rencontre que Germaine et Dieu.

On aime cependant à porter ses regards dans cette solitude, et l'imagination y découvre sans peine quelques faits qui ne s'éloignent point de l'exacte vérité. Représentons-nous donc la jeune enfant répondant déjà merveilleusement à la voix de la grâce. Pour la préparer à l'accomplissement de ses miséricordieux desseins, Dieu lui donna des maîtres qui devaient la diriger dans les voies du salut. La petite Germaine, comme les autres enfants du village, assista aux instructions du pasteur; elle reçut les enseignements chrétiens que l'on donne à cet âge; elle apprit la doctrine catholique dans toute sa beauté, dans toute sa simplicité. Elle rencontra sur sa route quelque directeur habile et pieux, qui devint l'ange gardien de ses pas, aplanit pour elle les obstacles et sut lui apprendre à suivre toujours les inspirations de la grâce. Plus tard, vers sa onzième année, on aime à voir l'heureuse enfant, entourée de quelques jeunes compagnes, venant prendre part pour la première fois au banquet des anges. Tels furent les commencements de l'œuvre de sa sanctification. Dieu lui-même acheva l'éducation chrétienne de sa servante. L'Esprit-Saint éclaira des plus vives lumières l'âme de cette faible enfant, et lui montrant le ciel comme le terme de tous ses désirs, il remplit son cœur d'un souverain mépris pour les choses de la terre.

A cette divine école, Germaine apprit bientôt cette défiance d'elle-même, qui la retint toujours dans la solitude, à moins que la charité envers les pauvres ne l'appelât au dehors; cette constance et cette énergie dans le bien, qui l'élevaient si haut au-dessus de toutes les injures; enfin cette patience héroïque dans les maux, qui fut le caractère particulier de sa vie tout entière.

L'éducation du peuple n'était point alors ce qu'elle est aujourd'hui. On ignore si dans son bas âge Germaine fut formée à la lecture. On court bien peu le risque de se tromper en admettant que cette pauvre ignorante ne savait pas lire ! Qu'avait-elle besoin de livres ? Elle connaissait la grandeur de Dieu par ses ouvrages et les merveilles de la création, l'immensité de son amour par ses mystères. Germaine sut ainsi de bonne heure ce que n'apprennent jamais ceux qui ne demandent pas à Dieu de les instruire. Ne peut-on pas appliquer à cette humble fille ces belles paroles de l'auteur de l'*Imitation* : « Ce ne sont pas les grands discours qui font le saint et le juste ; mais c'est la vie vertueuse qui rend cher à Dieu. Si vous saviez par cœur toute la Bible et tous les écrits des philosophes, de quoi tout cela vous servirait-il sans la grâce et la charité de Dieu ? Il vaut bien mieux un homme des champs qui sert Dieu, qu'un philosophe superbe qui, sans penser à lui, considère le cours des astres [1]. »

Germaine, comme si elle eût entendu l'Esprit-Saint lui tenir ce langage, s'appliquait de tout son pouvoir à servir Dieu fidèlement et à fuir jusqu'à l'ombre du mal. On affirme qu'elle conserva toute sa vie l'innocence de son baptême : trésor précieux, inestimable présent du ciel, qui remplace à lui seul toutes les richesses de la terre ! Heureux celui qui le possède, alors même qu'à l'exemple de Germaine il doive, dès son berceau, dire à la douleur : « Vous êtes ma sœur née avec moi, » et à l'affliction : « Vous serez ma compagne fidèle. »

[1] Liv. I. ch. II.

CHAPITRE III

Germaine gardienne d'un troupeau. — Son indigne marâtre.

Dès que Germaine fut en âge, sa marâtre, qui ne pouvait la souffrir dans la maison, sut déterminer son père à l'envoyer dans les champs à la garde d'un troupeau. L'humble enfant y resta jusqu'à la fin de ses jours.

Il semble que de tout temps le bon Dieu ait eu des tendresses et des préférences pour la vie pastorale. Abel était berger; Jacob, l'héritier des promesses, gardait les troupeaux de Laban; Moïse ceux de Jéthro; David ceux de son père Isaï. C'est à des gardiens de troupeaux que les anges annoncèrent la naissance du Sauveur : ils furent appelés à la crèche avant les rois. De pauvres petits bergers furent les premiers adorateurs du Verbe éternel, pauvre enfant comme eux, et commençant à l'étable de Bethléem le chemin du Calvaire.

Cette adoption des bergers par celui qui s'est appelé *le Bon Pasteur*, s'est continuée le long des siècles chrétiens. Une petite bergère est devenue l'illustre patronne de Paris, pendant qu'un jeune pâtre allait devenir à son tour l'apôtre et le grand patron de l'Irlande.

Au quinzième siècle, c'est par le bras d'une simple bergère que Dieu sauva la France en péril. Parlerons-nous de cette douce bergère du Laus, que sa poétique histoire nous montre, pendant près de cinquante ans, dans l'intimité de la Mère de Dieu? Pour combien de prédestinés, tels que saint Vincent de Paul et saint Félix de Cantalice, la vie pastorale a-t-elle été l'apprentissage de la vie intérieure et le vestibule de la sainteté! Il n'en est pas autrement de nos jours encore: parmi les causes de béatification qui se poursuivent à Rome en ce moment, ne découvre-t-on pas deux saints prêtres qui furent tous deux bergers d'un troupeau avant de devenir pasteurs et apôtres des âmes [1]?

Germaine Cousin nous apparaît donc associée dans sa vie pastorale à tant d'illustres amis de Dieu... Mais c'est dans cette sorte de vie seule qu'elle doit couler ses jours et s'élever au plus haut degré de la sainteté.

La solitude est mauvaise pour celui qui n'y voit que soi-même et n'y vit pas avec Dieu. Ce métier de pasteur dans la liberté des champs, si innocent en lui-même, est loin, trop ordinairement, de protéger les mœurs des enfants qu'on y emploie, outre qu'il les condamne à une profonde et dangereuse ignorance des choses spirituelles. Pour Germaine prévenue de la grâce, la solitude fut un repos et une faveur, une source de lumières et de bénédictions.

[1] Le vénérable Pierre-Marie-Louis Chanel, missionnaire de la société de Marie et martyr à Futana (Océanie), et le vénérable curé d'Ars.

Tous les jours, au lever de l'aurore, la pauvre enfant quittait la ferme de son père et s'en venait aux champs, seule avec son troûpeau et son chien fidèle. On lui donnait un morceau de pain pour sa journée ; elle devait étancher sa soif aux eaux du torrent. La jeune bergère menait paître son troupeau dans ces vertes et riantes prairies dont la tradition nous a conservé les noms. Le soir, lorsque, après une journée pénible, elle rentrera sous le toit paternel, n'y trouvera-t-elle pas un doux repos, un accueil bienveillant, les caresses d'un père, et ces aimables épanchements de famille qui ont partout tant de charme et surtout dans la vie des champs ? Non : ce bonheur, ces joies de la famille lui seront inconnus ; elle ne les goûtera jamais ; aucune consolation humaine ne viendra adoucir les rigueurs de sa destinée. La douleur, placée avec elle dans son berceau, sera sa constante et son unique compagne depuis son premier cri jusqu'à son dernier soupir.

Laurent Cousin était devenu père de plusieurs enfants après son second mariage. C'était pour eux qu'étaient réservées toutes les attentions, toutes les préférences de la famille. La pauvre Germaine se trouvait complètement délaissée. Garder le troupeau au dehors, malgré toutes les intempéries des saisons ; au dedans devenir la servante non-seulement de son père et de sa marâtre, mais encore de ses frères et de ses sœurs : tel était le rôle assigné à la pauvre enfant. Le soir, à son retour, il ne lui était pas permis de s'asseoir au foyer et à la table de famille. Reléguée dans un coin de la maison, elle recevait de la main de l'indigne femme un morceau de pain et un verre d'eau : c'était toute sa nourriture. On lui avait destiné sous l'escalier, à l'extrémité d'une galerie ouverte, une espèce de gite. Là, sur des branches de vigne formées en faisceau[1], Germaine venait reposer la nuit ses membres fatigués. Dans l'hiver, elle se réveillait quelquefois le matin couverte de neige ; au temps des chaleurs, elle était dévorée par les insectes. A son départ de la ferme, au point du jour, sa marâtre lui donnait le lin et la laine qu'elle devait filer pendant la journée. Malheur à la pauvre enfant si elle rentrait le soir sans avoir rempli sa tâche ! les plus terribles menaces lui étaient alors adressées. Aux jours les plus rigoureux de l'hiver, quand une neige abondante couvrait la terre de toutes parts, alors qu'aucun autre troupeau ne sortait de la bergerie, que toutes les cabanes et chaumières étaient fermées, et que le petit oiseau lui-même ne faisait plus entendre son chant, l'indigne marâtre forçait Germaine de partir pour se rendre dans la vallée. Malheur encore à elle si, quand la nuit était venue, la difficulté des chemins, ralentissant la marche de la jeune bergère, la faisait arriver à la ferme un peu plus tard que de coutume ! elle se trouvait alors accablée d'injures et de mauvais traitements.

On s'étonne justement de l'insensibilité de Laurent Cousin, à la vue d'une telle conduite de sa femme à l'égard d'une enfant qui devait cependant lui être chère. Hélas ! le père lui-même, quoiqu'il fût d'un bon naturel, s'était laissé prévenir contre elle. Au lieu d'écouter la

[1] Des *sarments*, selon le langage du pays.

voix de la nature, qui porte un père à aimer doublement son enfant malheureux, il suivait les conseils de la méchante femme. Elle avait su lui persuader qu'il était prudent de reléguer le plus loin possible de la maison cet être disgracié. « Il y aurait grand péril, lui disait-elle, à garder au milieu des autres enfants une scrofuleuse : elle leur communiquerait facilement son mal. Quelle douleur pour nous, s'il arrivait qu'ils en demeurassent ainsi infectés ! »

Ces raisons, présentées avec cette force que sait ordinairement donner à ses idées une femme passionnée, avaient produit leur effet. Le faible Laurent laissait Germaine éloignée tout le long du jour de la maison paternelle, et ne contrariait en rien la cruelle marâtre dans ses mauvais procédés envers la pauvre fille.

Germaine, regardée par toute la famille presque comme une pestiférée qu'il fallait éviter avec soin, avait reçu la défense de s'approcher de ses jeunes sœurs. La pauvre enfant ne reçut jamais le plus léger soulagement à ses douleurs physiques ; jamais une caresse affectueuse ne vint flatter sa main percluse ; jamais la pitié compatissante ne vint l'aider à nettoyer ses plaies. Germaine supportait cet abandon avec une admirable patience. La vertu de la pieuse bergère aurait dû toucher, sans doute, le cœur de sa belle-mère ; mais, aux yeux de cette femme impitoyable, cette vertu n'était qu'hypocrisie ; elle tournait en dérision toutes ses pratiques de piété ; elle lui avait donné par mépris le nom de *Bigote*, sous lequel la désignaient aussi ordinairement les habitants du village.

Cependant les troupeaux de Laurent Cousin étaient bénis ; jamais un agneau n'était dévoré par les loups; ses champs étaient fertiles. Les prières de la pieuse bergère attiraient ainsi sur cette famille toutes les faveurs du Ciel, et on eût dû y reconnaître l'heureuse influence de la sainteté de l'humble fille ? Mais la marâtre paraissait frappée d'aveuglement, et continuait à persécuter la pauvre enfant, si digne d'admiration et de tendresse.

Par sa constante patience à supporter sans se plaindre ces rudes épreuves, Germaine s'éleva bientôt à un haut degré de sainteté. C'est ainsi que la bergère de Pibrac offrait un nouveau trait de ressemblance avec celle de Nanterre. On se souvient que sainte Geneviève essuya, elle aussi, de mauvais traitements, non de sa marâtre, mais, ce qui est plus pénible encore, de sa propre mère. Un jour de fête, Géronce (c'était son nom), allant à l'église, défendit à sa fille de l'accompagner. L'innocente enfant, qui se réjouissait déjà d'assister aux saints offices un jour de grande solennité, fut affligée de cet ordre; elle eut recours aux prières et aux supplications, pour obtenir que cette défense fût levée. Géronce, fatiguée de ses prières et cédant à un mouvement d'impatience, donna un soufflet à sa fille. Dieu l'en punit sur-le-champ : elle perdit la vue et demeura deux ans dans un état de cécité[1]. On ignore si la marâtre de Germaine fut punie ici-bas de son indigne conduite à l'égard de notre sainte. Mais le Ciel a exercé sur elle un châtiment plus terrible encore que sur la mère de Geneviève. En consacrant à

[1] Voir *Vie de sainte Geneviève.*

travers les âges le souvenir des mauvais traitements qu'elle a fait subir à l'innocente victime, l'histoire a rendu odieuse la mémoire de cette seconde femme de Laurent Cousin, et son nom reste voué pour toujours à l'indignation publique, pendant que celui de Germaine est entouré de vénération et des plus insignes honneurs.

Résignation et patience! telles furent donc les vertus que la douce enfant opposa constamment aux mépris, à la haine, aux mauvais traitements de sa marâtre; jamais le plus léger murmure ne trahit sur ses lèvres l'amertume de ses douleurs. Elle savait que Dieu la voyait et gardait avec soin ses soupirs et ses souffrances. Elle trouvait dans ses pensées sa consolation et sa force. Cette pauvre ignorante comprenait toute la beauté de ces divines paroles: « Bienheureux ceux qui sont doux, parce qu'ils posséderont la terre. Bienheureux ceux qui pleurent, parce qu'ils seront consolés[1]. »

[1] S. Matth. v. 4, 5.

CHAPITRE IV

Germaine dans la solitude des champs.

O beata solitudo, sola beatitudo! O bienheureuse solitude, seule béatitude! disaient les anciens Pères du désert. L'âme affligée du sort assigné à notre chère sainte se console à la pensée qu'elle aussi, plus d'une fois peut-être, a poussé vers le ciel cet admirable cri.... Pourquoi les saints solitaires parlaient-ils ainsi? C'est parce qu'au désert, éloignés de tous les bruits du monde et jouissant de la présence de Dieu, ils croyaient avoir trouvé une sorte de paradis. Ainsi en fut-il bientôt de la pieuse Germaine. La solitude que lui imposait sa profession lui devint délicieuse, non pas tant parce qu'elle s'y trouvait à l'abri des duretés et des mauvais traitements que parce qu'elle y jouissait en paix de la présence de Dieu. Dans les entretiens solitaires de ce grand Dieu, créateur de toutes choses, avec cette chétive enfant, moins précieuse peut-être aux yeux de la plupart des hommes, que le troupeau sur lequel elle veillait, tout devenait parole et lumière, tout était force, espérance et consolation! Entourée des créatures de Dieu, elle les entendait louer Dieu à leur manière, chacune dans son langage, et tous les mouvements de son âme s'unissaient à leur cantique. Désormais donc, le monde n'avait rien à enseigner à cette ignorante qui connaissait Dieu, et rien à donner à cette indigente qui aimait Dieu [1]. »

Etrangère à tout ce qui se passait ici-bas, Germaine était heureuse au sein de cette solitude, où Dieu lui-même l'avait conduite pour parler à son cœur. Docile à ce langage, elle en suivait fidèlement les secrètes inspirations. A l'exemple des anciens solitaires, elle avait un sentiment profond de la beauté du monde extérieur; elle l'admirait comme le temple de la bonté, de la lumière de Dieu et comme un reflet de sa beauté. Pour une âme noble et pure, qui vit en quelque sorte dans l'état d'innocence, la nature est un magnifique temple où tout invite à bénir et glorifier le Seigneur. Habitants des cités, habitués à ne voir, à n'admirer que les ouvrages des hommes, nous demeurons trop étrangers au sentiment d'admiration et d'amour qui ravissait les saints devant les œuvres de la création. Le chant d'un oiseau, la vue d'une fleur, le souffle d'une brise légère, le murmure d'un torrent, le bruissement des feuilles des arbres, le lever ou la disparition de l'astre du jour, autant de merveilles, autant d'éloquentes pages du grand livre de la nature, si rempli d'utiles enseignements. Ces *voix du silence*, célébrées naguère par un ingénieux poëte [2], ont un langage intime

[1] Louis Veuillot.

[2] Victor de Laprade : *les Voix du silence*, poésies.

que peu d'âmes comprennent. Heureuses celles qui l'entendent et qui savent y répondre par un hymne de reconnaissance et d'amour !

Notre petite bergère était de ce nombre. Si sa main eût consigné par écrit quelques faits de son enfance, elle aurait pu tracer à son tour ces délicieuses lignes d'une pieuse servante de Dieu favorisée en nos jours de dons célestes [1].

« Pendant mon enfance, lorsque j'étais dans les bois, dans les pâturages et dans les champs, lorsque je cueillais des épis, que j'arrachais du gazon et que je ramassais des herbes, j'étudiais comme un livre chaque feuille et chaque fleur ; tous les animaux qui passaient, tout ce qui m'entourait, était pour moi une source d'enseignements. Toutes les formes, toutes les couleurs, et jusqu'à la configuration des feuilles, me faisaient venir des pensées profondes, que les gens auxquels je les communiquais écoutaient avec étonnement, mais dont ils riaient la plupart du temps : ce qui finit par m'habituer à garder le silence sur tout cela ; car je pensais et je pense encore souvent, qu'il en arrive autant à tous les hommes et qu'on n'apprend mieux nulle part que dans cet alphabet que Dieu lui-même a écrit. »

Oui, les saints ont aimé la nature et le monde extérieur. Ne les croyons pas tellement absorbés par l'amour des choses célestes, que les œuvres de la création sensible ne trouvent en eux qu'indifférence ou mépris. Ils les aiment, au contraire, et s'en servent de degrés pour s'élever vers le Seigneur, le bénir et le glorifier, à l'exemple du Prophète-

[1] Anne-Catherine Emmerich.

royal, ou des jeunes hommes dans la fournaise, qui interpellent et invitent tous les ouvrages du Seigneur à louer et à glorifier leur divin Auteur [1]. Les saints savent, avec saint Paul, que *toute créature de Dieu est bonne*, et s'ils rejettent et méprisent le *monde* et tout ce qui vient du *monde*, c'est-à-dire du *mal*, ils aiment la *terre* œuvre de Dieu, cette *terre* que Jésus a jadis arrosée de son sang, et que la Vierge Marie, qui en est la Reine par ses bienfaits, a sanctifiée par sa présence.

Mgr de la Bouillerie, dans son bel ouvrage sur le *symbolisme*, s'exprime ainsi, en parlant d'une personne d'une très-grande piété qui aimait dans ses lettres à lui faire part de ses impressions chrétiennes à la vue des objets du monde extérieur : « En face de toutes ces richesses de notre opulente nature méridionale, son âme s'élevait plus facilement vers Dieu. L'azur du ciel, où plongeaient ses regards, lui rappelait le ciel des anges et des saints ; les flots de la mer avaient pour elle des hymnes divers et magnifiques qui lui chantaient le nom du Très-Haut ; et les cimes des montagnes lui révélaient sa majesté. Puis, quand ses yeux s'abaissaient vers la plaine, les moissons fertiles, les vignes abondantes et les plants d'oliviers, la faisait songer au texte du Psalmiste : *Vous avez, Seigneur, multiplié pour eux, le froment, le vin et l'huile* (Ps. IV, 8), le froment des élus, le vin qui fait germer les vierges, l'huile qui consacre et donne la joie. J'encourageais ma pieuse correspondante à chercher ainsi, en toutes choses,

[1] Benedicite, omnia opera Domini, Domino ; laudate et superexaltate eum in sæcula. DAN. III.

les harmonies que Dieu a mises entre le visible et l'invisible, et je lui citais à ce propos la parole fondamentale de saint Paul : « Ce qui est invisible en Dieu se voit et se comprend par ce qui a été créé dans le monde. (Rom. I, 20.)[1] »

Ainsi Germaine, à l'exception de la mer qui n'était point dans son voisinage, cherchait dans l'azur du ciel, aux cimes des montagnes, dans les moissons fertiles, et dans les richesses de l'opulente nature qui entourait son berceau, les harmonies placées par le Créateur entre le visible et l'invisible.

Portons nos pensées plus haut. Ne pouvons-nous pas nous représenter Germaine dans les champs de Pibrac, élevée par la prière au-dessus des objets visibles et en communication avec les anges? Oui, plus d'une fois les voiles qui cachent à nos yeux les myriades d'esprits célestes dont nous sommes entourés, se dissipèrent devant l'humble bergère, et comme Adam avant sa chute, elle vécut d'une vie que ne soupçonnent point nos sens grossiers et alourdis.

Elle ne restait point oisive cependant. Assise au pied d'un arbre, tandis que son troupeau bondissait dans la prairie, Germaine filait sur sa quenouille la laine de ses agneaux ou le lin de ses champs, et elle se trouvait heureuse quand elle avait chargé son fuseau et que ses doigts amaigris par la souffrance avaient de la peine à le soutenir.

[1] Mgr de la Bouillerie, évêque de Carcassonne : *Etude sur le symbolisme de la nature, interprété d'après l'Ecriture sainte et les Pères.* — Introduction.

Germaine n'avait au reste dans sa piété rien de brusque et de sauvage, quoiqu'on ne la vît point rechercher la compagnie des autres enfants ni prendre part à leurs rires et à leurs jeux. Aussi savante dans la science de la vie par le seul instinct de sa piété et de son amour de Dieu que les saints solitaires l'étaient devenus après une longue expérience des choses humaines, notre jeune bergère se créait une retraite dans la retraite même.... Et cependant, lorsque la charité l'y conviait, elle aimait à parler aux jeunes filles de son âge, pour les exhorter à se souvenir de Dieu et à prier la sainte Vierge. Elle aimait aussi à s'arrêter devant les pauvres qu'elle rencontrait sur son chemin et à les secourir.

Les regards du ciel se reposaient avec amour sur cette sœur des anges, inconnue à la terre. Dès traditions touchantes parvenues jusqu'à nous vont nous apprendre par quels prodiges Dieu se plut à couronner dès ici-bas la foi et la charité de notre chère sainte.

CHAPITRE V

Piété de la jeune bergère. — Protection visible du Ciel.

Germaine accomplissait en elle ce mystère de la croix, qui est le mystère de l'amour divin. A l'exemple de Jésus-Christ, elle aimait ceux qui ne l'aimaient point, et toutes ses souffrances envoyées de Dieu par le moyen des créatures étaient comme autant de liens bénis qui l'attachaient davantage au suprême Ami de son âme.

Tant de conformités avec Jésus-Christ souffrant, pauvre et persécuté, entretenaient dans le cœur de la sainte enfant une flamme ardente pour la personne adorable de son Rédempteur. Malgré tous les obstacles qu'elle rencontrait dans sa faiblesse, dans l'éloignement et la garde constante d'un troupeau, elle se rendait chaque jour à l'église du village pour assister au saint sacrifice de la messe. Les obligations de son état ne l'en dispensaient même pas. Pleine de confiance, elle laissait son troupeau dans la campagne et courait se réfugier aux pieds du divin Pasteur.

« Sans doute, ajoute ici M. Veuillot, une telle conduite eût été blamable en beaucoup d'autres, et ceux-là ont une dévotion mal entendue, qui, pour la satisfaire, négligent les devoirs de leur état. Mais, de la part de Germaine, ce n'était qu'une obéissance prompte et abandonnée à l'inspiration de Dieu. Elle savait qu'aucun accident n'arriverait à son troupeau et que le bon Dieu le garderait en son absence. Ne voulait-il pas que sa pauvre brebis eût aussi sa part de nourriture?

» Même lorsque ses moutons paissaient sur la lisière de la forêt de Boucone, riveraine des champs de Pibrac et abondante en loups, Germaine, au son de la cloche, plantait en terre sa houlette et sa quenouille, et courait à l'appel de Celui qui a dit : « Ne craignez rien, petit troupeau, je serai avec vous. » A son retour, elle retrouvait ses moutons où elle les avait laissés, tranquilles et en sécurité comme au bercail. Jamais les loups ne lui en enlevèrent un seul, et jamais ce troupeau, gardé par la bergère absente, ne s'écarta des limites qu'elle lui avait marquées, ni ne causa le moindre dommage dans les terres voisines.

» Et comme Dieu s'était plu à bénir les troupeaux de Laban sous la conduite de son serviteur Jacob, de même il bénissait celui que conduisait sa servante Germaine. Dans tout le village, il y en avait de plus nombreux, il n'y en avait pas de plus beaux[1]. »

Plus d'une fois les habitants de Pibrac furent témoins de la miraculeuse protection qui enveloppait le troupeau de son père pendant que l'innocente bergère était à l'église. Ils admiraient cette merveille, et ils s'indignaient contre

[1] Louis Veuillot : *Vie de la B. Germaine Cousin.*

la méchante marâtre, lorsqu'ils la voyaient prendre occasion des absences de Germaine pour l'accabler de reproches et d'injures : « N'êtes-vous donc pas, lui demandaient-ils, contente et heureuse de la prospérité que Germaine attire sur votre maison? »

La jeune bergère cependant, toujours respectueuse et douce, mais de plus en plus désireuse d'honorer Dieu dans la demeure qu'il s'est choisie au milieu des hommes, continuait d'assister chaque jour à la messe. Dieu lui faisait comprendre le prix infini de l'auguste sacrifice de nos autels. Elle recourait souvent aussi au sacrement de pénitence, afin de purifier son âme, déjà si pure cependant, mais toujours indigne à ses yeux de l'Hôte divin qui venait fréquemment y faire sa demeure. Chaque semaine, on la voyait se rendre à l'église du village pour écouter les sages conseils du pasteur qui dirigeait sa conscience.

« Elle avait choisi le dimanche et les jours des solennités de l'Eglise pour satisfaire à sa dévotion dans toute sa plénitude. On était accoutumé au sein de sa famille à ne la voir qu'au lever et au déclin du jour; alors, profitant de la facilité de l'absence, Germaine, chaque dimanche, prenait un pain cuit sous la cendre et arrivait de grand matin à l'église. Là, elle assistait aux sacrés mystères, recevait la sainte Eucharistie avec une angélique piété, s'entretenait avec Dieu, attirait sans le vouloir le regard de tout le peuple par son profond recueillement, quittait pendant quelques instants les saints autels pour manger son morceau de pain, rentrait ensuite à l'église jusqu'au soir, et quand la nuit était venue, elle remontait à sa ferme, où elle retrouvait pour le lendemain et sa quenouille et ses agneaux[1]. »

La ferveur de Germaine à la sainte communion offrait un spectacle si touchant, que tous les assistants en étaient ravis, et que l'impression n'en put être effacée par une longue suite d'années. On ne peut que s'écrier ici avec l'un de ses biographes : « O Dieu des pauvres ; ô Dieu des vierges, ô Dieu des humbles et des opprimés ! la bienheureuse enfant à qui vous vous donniez vous emportait en silence et ne s'entretenait qu'avec vous de son bonheur. Mais il vous a plu de faire parler ses œuvres, et vous avez voulu que le monde les entendît. De ce coin ignoré où elle a vécu seule à seul avec vous, de ces broussailles où elle vous priait de l'aider à garder ses moutons, de ces masures qui ne lui accordaient qu'à regret un abri, vous avez fait surgir sa tombe et sa mémoire ; tandis que les empires s'écroulaient, ensevelissant sous leurs décombres les œuvres des sages et la renommée des vaillants, vous avez élevé cette petite, vous l'avez placée en un rang de gloire parmi vos élus, *suscitans à terra inopem ;* et la voix du chef suprême de l'Eglise a proclamé les grandes choses que vous avez faites en elle, parce qu'elle vous a aimé !...

» Lorsqu'elle retournait à son travail, à sa servitude, emportant dans son cœur le Roi des cieux, elle s'en allait nourrie de votre esprit de pauvreté, vous, Christ, qui avez été pauvre jusqu'à n'avoir pas de quoi reposer votre tête adorable ; nourrie de votre esprit de chasteté, vous

[1] L'abbé Salvan.

qui êtes la pureté même, le fils de la Vierge, l'ami des vierges, le chaste époux des vierges; nourrie de votre esprit d'obéissance, vous qui avez été obéissant jusqu'à la mort, jusqu'à la croix; nourrie de votre amour, ô Victime d'amour, qui ayant vidé le calice de nos crimes, avez aimé cette croix où vous mouriez pour des ingrats!

» Et, fortifiée par cette nourriture céleste, Germaine, victorieuse de toutes les tentations de la misère et de l'ignorance, résignée en présence de toutes les injustices, calme dans toutes les souffrances, prenait son vol vers les cieux où sa pensée habitait déjà[1]. »

[1] Louis Veuillot.

CHAPITRE VI

Dieu glorifie par un prodige la foi de Germaine. — Dévotion filiale à Marie.

Pour se rendre chaque matin à l'église de Pibrac, Germaine était obligée de traverser le Courbet, ruisseau qu'elle passait à gué, sans difficulté, dans les temps ordinaires; mais parfois les pluies d'orage l'enflaient tellement, qu'il devenait alors un torrent infranchissable. Or, un jour, comme la bergère se dirigeait vers l'église, suivant sa coutume, elle trouva le ruisseau extrêmement gonflé : la nuit avait été pluvieuse, et le Courbet débordé roulait avec fracas ses eaux qui auraient opposé une barrière à l'homme le plus vigoureux. Des paysans qui virent Germaine de loin, s'arrêtèrent à quelque distance, se demandant entre eux d'un air railleur comment elle allait s'y prendre. Mais la pieuse fille, sans songer à l'obstacle, peut-être même sans le voir, approche comme s'il n'existait pas.... O merveille de la puissance et de la bonté divines ! au même instant les eaux du Courbet s'ouvrent pour donner passage à l'humble fille de Laurent Cousin, et elle traverse le torrent sans mouiller seulement le bord de sa robe. A la vue de ce prodige, les paysans s'entre-regardent avec crainte et se sentent pleins de respect pour cette pauvre enfant.

Dieu renouvela très-souvent ce prodige par la suite. Pendant l'hiver, le Courbet, grossi par les eaux qui descendent des montagnes, rend le passage impossible. Germaine seule ne connaissait point d'obstacle : en présence des autres jeunes filles, elle frappait de sa houlette les eaux du torrent, et les eaux se divisaient afin qu'elle pût gagner l'autre rive. Ce merveilleux prodige, en devenant d'une notoriété publique, vint accroître la réputation de sainteté de la bergère, et les plus hardis commencèrent à respecter celle dont ils avaient coutume de se moquer.

Un très-grand nombre de personnes ont attesté de nos jours la suite non-interrompue des témoignages sur ce prodige, comme sur un autre non moins éclatant, dont nous parlerons tout à l'heure. L'assertion si positive des premiers témoins contemporains et de ceux qui formèrent la seconde génération à l'époque où furent faites les premières enquêtes, est une preuve évidente de la vérité de ces témoignages : tous les anciens du pays déclarèrent en effet, que ces miracles avaient été opérés en présence de plusieurs personnes, de manière à enlever la possibilité du plus léger doute sur leur existence.

Un pieux historien de notre sainte, s'étant rendu à Pibrac pour recueillir quelques renseignements sur certains points particuliers de son récit, raconte ainsi son voyage :

« .... J'arrivai à Pibrac le 6 du mois de mai 1854. Je visitai l'antique château ; je parcourus les anciens cadastres pour me fixer sur la position des lieux; je demandai s'il n'existait pas quelque vieillard qui pût me donner quelque indice. On me conduisit auprès d'une respectable femme de quatre-vingt-huit ans environ, et qui avait conservé toute la vivacité du premier âge et toute la fidélité des souvenirs. Je m'assis auprès d'elle et lui adressai quelques questions, auxquelles elle répondit avec une parfaite lucidité d'esprit. « Mon aïeul, me dit- » elle, est mort dans un âge très-avancé; je l'ai vu dans » ma première enfance et je lui ai souvent entendu parler » de notre sainte bergère. Il m'assurait que lorsque le » Courbet était grossi par les pluies et que les bergers » ne pouvaient passer sur l'autre rive, tous les habitants » du hameau voyaient Germaine traverser avec facilité » le ruisseau sans que ses pieds ou ses vêtements fussent » mouillés. Ce miracle se renouvelait très-souvent. » — On voit par ce récit, que la sainteté de Germaine était reconnue, pendant sa vie, de tous ceux qui étaient les témoins de ces prodiges...[1] ».

Une âme aussi privilégiée du Ciel ne pouvait manquer d'avoir une tendre dévotion envers la bienheureuse Vierge Marie. Le culte de la Mère de Dieu a toujours été singulièrement cher aux âmes innocentes et pures. Dès son bas-âge on avait vu Germaine donner des preuves d'une tendre et solide piété envers la Reine des anges. La pauvre bergère avait un motif de plus encore pour s'attacher de

[1] L'abbé Salvan : *Hist. de la B. Germaine.*

tout son cœur à la puissante *Consolatrice des affligés.* L'enfant qui ne retrouve plus sa mère au foyer paternel, lève souvent vers le ciel ses yeux pleins de larmes, et il entend le bon Sauveur Jésus lui dire : « Je ne te laisserai point orphelin... » Puis, regardant encore, il aperçoit près du trône de Dieu, l'auguste Reine du paradis, celle que le Sauveur sur la croix lui a donnée pour *Mère*.... « O ma *Mère* du ciel, s'écrie alors le pauvre orphelin, prenez pitié de ma misère, montrez que vous êtes ma mère. Pour moi, je serai toujours votre fidèle enfant ! »

Ainsi plus d'une fois avait prié la petite Germaine. Et la Reine du ciel, touchée de pitié pour la pauvre enfant sans mère ici-bas, avait pris dans le cœur de l'orpheline la place de cette mère absente.

Germaine à son tour ne cessait de payer à sa Mère du ciel son tribut de reconnaissance et d'amour. Le culte de la bienheureuse Vierge fit toujours ses plus chères délices. Le chapelet, qu'elle récitait souvent, était son seul livre. Il suffisait à cette âme éclairée d'en haut. L'*Ave Maria* lui ouvrait une source intarissable de lumière, de consolation et de ravissement. Elle le prononçait encore d'un cœur plus tendre aux heures où les fidèles ont coutume de réciter la salutation angélique. Au premier coup de la cloche qui, depuis six siècles, dans tout l'univers catholique, chante trois fois par jour cette prière entre la terre et les cieux, un sentiment indéfinissable de douce et pure joie s'emparait du cœur de la pieuse bergère. Quittant avec précipitation sa quenouille et son fuseau, elle se prosternait aussitôt la face contre terre, et récitait avec les anges cette prière que les anges nous ont apprise : « Je vous salue, Marie... » Rien ne pouvait arrêter l'ardeur de sa piété. Que la terre fut couverte de neige, que la pluie tombât par torrents, qu'elle se trouvât au milieu du ruisseau ou dans les sentiers fangeux du chemin, peu importe! Sa dévotion envers Marie et le premier son de la cloche marquaient la place où sa prière devait s'envoler vers les cieux [1]....

La sainte bergère portait toujours sur elle quelque signe extérieur de dévotion envers sa céleste Mère, une médaille, un chapelet.... C'étaient là les armes dont elle se servait pour combattre l'ennemi du salut et ranimer sa piété. Elle attachait plus de prix à ces signes que les autres filles n'en attachent à leurs joyaux.

Célébrer ses fêtes, chanter ses louanges, se prosterner devant toutes ses images, la prier et la bénir tous les jours, telles furent constamment les éclatants témoignages de sa confiance filiale en la plus tendre des mères.... Ce n'était point assez encore. L'amour de Jésus et de Marie qui brûlait dans le cœur de Germaine, lui inspira une de ces œuvres au milieu desquelles on aime à la contempler : c'était de réunir autour d'elle, quand elle le pouvait, quelques-uns des petits enfants du village pour leur expliquer la doctrine chrétienne. Elle les initiait avec une admirable patience à la connaissance des mystères de la religion. Le Ciel l'avait douée d'une grâce particulière pour éclairer ces jeunes intelligences et toucher ces jeunes cœurs. Elle s'appliquait surtout à établir d'une manière

[1] L'abbé Salvan.

claire, précise et proportionnée à son intéressant auditoire, les dogmes attaqués par les protestants, tels que l'invocation des saints, la présence réelle du Sauveur dans son sacrement et le culte des saintes images. Elle savait, par des comparaisons prises dans la nature, répandre une certaine lumière sur toutes ces questions.... Cette petite troupe était heureuse de l'entendre et quittait tout pour venir l'écouter. — « Spectacle digne de l'admiration des anges et cher aux regards de Dieu, que cette petite école tenue à l'ombre d'un buisson dans la campagne déserte! école où le maître, qui peut-être ne savait pas lire, donnait à ses auditeurs à demi-sauvages et leur faisait comprendre des leçons qu'un docteur n'aurait pas dédaignées!

» On aime à se dire que les soins de cette charité charmante ne furent pas perdus, et que le grand Dieu qui ordonne de « laisser venir à lui les petits enfants » garda dans la voie du salut ceux que lui avait si doucement donnés sa servante Germaine[1]. »

[1] Louis Veuillot.

CHAPITRE VII

Germaine apôtre et aumônière. — Le miracle des fleurs.

Ce n'était point à de petits enfants seulement que Germaine apprenait doucement à connaître et à aimer Jésus et Marie. L'apostolat de sa charité s'étendait aussi aux personnes d'un autre âge. Remplie d'un saint zèle pour le salut des âmes, notre pieuse bergère ne voyait qu'avec une douleur profonde les désordres qui agitaient la terre. Aussi, lorsque l'occasion se présentait, on la voyait, toujours guidée par une rare prudence, exhorter les bons à se fortifier dans la vertu et rappeler les pécheurs à la pénitence. Elle employait dans cet apostolat si délicat tous les charmes d'une ineffable douceur. On doit croire que sa voix persuasive trouva de l'écho dans un grand nombre d'âmes. Sur le berceau de la bergère de Pibrac on aurait donc pu dire ce que saint Germain annonçait pour la bergère de Nanterre : « Une multitude de pécheurs, touchés de ses vertus, se convertiront, renonceront à leurs désordres, et par une vie sainte obtiendront la rémission de leurs péchés et la récompense promise aux serviteurs de Jésus-Christ. »

Mais hâtons-nous de le dire : l'apostolat de l'humble bergère était beaucoup plus actif et plus fécond par l'ascendant de ses exemples que par l'autorité de sa parole. Tout le monde au village connaissait la sainteté de sa vie, son amour pour la solitude et le silence, sa patience et sa douceur inaltérables. On gardait en sa présence une sage réserve ; on aurait craint de laisser échapper une seule parole qui eût pu contrister la sainte austérité de sa vertu. Si quelques impies, en la voyant passer, l'insultaient encore par une injure, tout le monde en général s'inclinait par respect devant elle. Que de fruits de salut n'a point dû produire l'autorité d'une aussi sainte vie !... La pauvre enfant ne soupçonnait guère qu'elle pourrait un jour s'appliquer ces douces paroles de la Sagesse se louant elle-même : « J'ai été semblable à la palme de Cadès et à la rose de Jéricho ; ainsi que l'olive, j'ai paru belle au milieu de mes champs ; pareille au platane, j'ai vécu sur le courant des eaux : j'ai répandu une suave odeur comme le baume par son arome ;... comme le térébinthe, j'ai étendu au loin mes rameaux ;... j'ai poussé des fleurs d'une agréable odeur comme la vigne, et mes fleurs sont devenues des fruits de gloire et d'abondance[1]. »

L'aumône spirituelle n'était pas la seule qu'accomplissait Germaine. Elle savait encore, bien que pauvre elle-même, être aumônière envers les pauvres et les souffreteux. Certes, si quelqu'un pouvait se croire exempté du devoir

[1] Ecclésiast. XXIV.

d'assister son prochain par l'aumône, n'était-ce pas notre bergère? Quel superflu avait-elle à donner, cette chétive enfant à qui le nécessaire même manquait? Quelle convoitise à retrancher dans cette vie d'extrêmes privations et de rudes pénitences? Quelle épargne faire sur les fruits du travail pour lequel elle ne recevait qu'un peu de pain et d'eau?

Mais la charité est industrieuse; la jeune sainte sut admirablement suppléer à ce que lui refusait la fortune, et accomplir tout entier ce sublime enseignement du christianisme, qui consiste en deux mots : *souffrir*, *compatir*. La souffrance pour elle, la compassion pour autrui; souffrance patiente et silencieuse, compassion ardente, active, efficace : voilà ce qu'on voyait dans l'humble servante de Jésus-Christ, toujours fidèle à suivre les traces de son Maître et divin Sauveur.

La généreuse enfant partageait donc tous les jours avec les pauvres le pain qu'elle recevait pour sa nonrriture. Elle préférait supporter les rigueurs de la faim que de refuser l'aumône de son pain à ceux dont la voix suppliante sollicitait sa charité. Doublement joyeuse de pouvoir à la fois secourir leur misère et augmenter le trésor de ses privations, Germaine remerciait le Ciel de ces heureuses rencontres. Dieu permit-il quelquefois que ce pain se soit multiplié miraculeusement sous sa main pour servir son ardente charité? On est assez porté à le croire, bien que nous ne le trouvions point dans sa vie. Mais ce prodige, s'il n'eut point lieu alors, n'a été que différé... Nous verrons ailleurs comment, bien des années après sa mort et de nos jours, la puissante intercession de la bergère a multiplié la farine de froment au sein d'une pieuse communauté de France.

L'ardente aumônière avait su pourtant se ménager quelques faibles ressources. Elle recueillait avec un soin extrême tout ce qui pouvait rester de la nourriture de sa famille, et le portait en secret aux pauvres, qui l'aimaient et la regardaient comme leur providence. Voyes-vous ces infirmes, ces mendiants, ces vieillards, ces vieilles femmes, attendant tous les jours la jeune bergère sur son passage, ou s'en venant la joindre à la prairie du Cavé ? Ce sont les meilleurs amis, les protégés de la pauvre fille qui ne possède rien au monde, mais dont le cœur est un riche trésor ouvert à tous... La jeune aumônière les console par d'affectueuses paroles, leur donne son pain et les quelques débris qu'elle a pu ramasser à la ferme. Germaine, l'humble bergère, distribuant ainsi ses aumônes dans les vallons de Pibrac, ne semble-t-elle pas aussi grande qu'Elisabeth de Thuringe répandant ses royales largesses dans l'intérieur du château de Wartzbourg ?

L'indigne marâtre cependant épiait notre jeune bergère sous le toit paternel ; elle la suivait pas à pas, et ne soupçonnant pas ses saintes industries, elle suspectait la fidélité de la pauvre enfant. Germaine fut accusée de voler le pain de la maison. La méchante femme n'hésita pas à la croire coupable, et cette injuste croyance lui suffit pour la traiter avec la dernière rigueur. Ainsi sa tendresse envers les pauvres fut pour Germaine une occasion nouvelle de rudes épreuves... Mais Dieu, qui avait déjà glorifié sa foi par un prodige merveilleux, voulut enfin par un autre prodige glorifier la charité de sa fidèle servante.

Un jour la belle-mère apprend que Germaine, en partant à la suite du troupeau, avait emporté dans son tablier quelques morceaux de pain. Elle s'arme aussitôt d'un énorme bâton et, furieuse, court après la jeune fille. Quelques habitants de Pibrac cheminaient en ce moment vers la métairie de Laurent Cousin. Voyant cette femme hors d'elle-même et devinant son projet, ils la suivirent en doublant le pas, dans le dessein de protéger la jeune fille contre le mauvais traitement dont elle était menacée. Ayant rejoint la marâtre, ils apprirent d'elle le sujet de sa colère, et ils arrivèrent ensemble auprès de Germaine. Aussitôt la marâtre lui arrache avec violence son tablier qu'elle tenait relevé par les deux extrémités autour de son corps, et s'apprête à frapper la pauvre enfant... Mais, ô merveille! au lieu de pain, le tablier entr'ouvert ne laisse échapper que de charmantes fleurs nouées en bouquets, dans la saison d'hiver où la terre n'en produit point... Ainsi Dieu renouvela pour cette pauvre fille le miracle qu'il avait opéré en faveur de sainte Elisabeth, et confondit, par le même moyen, la malice de sa cruelle ennemie.

Ce ne sont point seulement la chère sainte Elisabeth et sainte Germaine qui furent gratifiées ici-bas de ce miracle des fleurs, dont le souvenir charmant répand tant de grâces sur la vie de ces deux grandes servantes de Dieu. Saint Thomas d'Aquin, très-jeune encore, pendant qu'il

5

habitait le château de son père, avait vu le Ciel opérer en sa faveur un prodige semblable. Sainte Rose de Viterbe, cette illustre et poétique héroïne de la foi, vit aussi un jour, en présence de son père et des assistants émerveillés, des morceaux de pain, qu'elle portait dans son tablier pour les distribuer aux pauvres, se changer en roses blanches et purpurines qui en un instant embaumèrent l'air de la plus délicieuse odeur[1]... Ne semble-t-il pas que la Bonté divine se complaît à transformer ainsi le pain de l'aumône en ces créatures charmantes qui font le plus bel ornement de la terre, pour montrer le grand prix de cette aumône à ses yeux? N'en soyons point surpris : les vies de nos saints, en rappelant les actes héroïques de leur charité, nous révèlent des transformations plus étranges encore. Citons-en deux exemples :

Saint Dominique, étant à Rome, visitait au coucher du soleil de pauvres recluses.... « Il leur portait dans son cœur, dit son historien, un reste de force qu'il avait mis en réserve pour elles : après avoir parlé à la foule, il allait parler à la solitude... Une de ces recluses, dont la poitrine était mangée de vers, avait sa loge dans une tour voisine de la porte de Saint-Jean de Latran. Dominique la confessait et lui apportait de temps en temps la sainte Eucharistie. Une fois il lui demanda de voir un des vers qui la tourmentaient et qu'elle gardait avec amour dans son cœur comme des hôtes envoyés par la Providence. Bona, c'était son nom, consentit au désir de

[1] *Annales franciscaines*, t. I.

Dominique. Mais le ver se changea en une pierre précieuse dans la main du thaumaturge, et la poitrine de Bona se trouva pure comme celle d'un enfant[1]. »

Sainte Elisabeth soignait avec une charité extrême un pauvre petit lépreux dont l'état était si déplorable que personne ne voulait l'approcher. Après l'avoir baigné elle-même, elle l'oignit d'un onguent salutaire, et puis le coucha doucement dans le lit du prince son époux, absent alors. Or il arriva justement que le duc revint au château pendant qu'Elisabeth était ainsi occupée.... Apprenant ce qui se passait, il ne put se défendre d'une certaine irritation et enleva brusquement la couverture de son lit. « Mais au même instant, selon la belle expression de l'historien, le Tout-Puissant lui ouvrit les yeux de l'âme, et au lieu du lépreux, il vit la figure de Jésus-Christ crucifié étendu dans son lit[2]... »

[1] Le R. P. Lacordaire : *Vie de saint Dominique*, ch. XI.

[2] Le comte de Montalembert : *Hist. de sainte Elisabeth de Hongrie*, ch. VIII.

CHAPITRE VIII

Germaine jouit d'une grande réputation de sainteté.

Les témoins de ce charmant miracle des fleurs, par lequel Dieu avait glorifié la charité de la jeune bergère, étaient restés saisis d'admiration. Ils allèrent aussitôt dans Pibrac publier ce qu'ils venaient de voir. Bien des gens alors, apprenant à ne plus railler la dévotion de cette petite infirme que Dieu aimait, changèrent en éloge le nom injurieux qu'ils lui avaient donné. A partir de ce moment surtout on regarda Germaine comme une sainte.

Laurent Cousin avait senti son cœur de père touché en apprenant ce merveilleux prodige. Il conçut alors des sentiments plus tendres pour la vertueuse fille qu'il avait trop longtemps méconnue; il défendit expressément à sa femme de la tourmenter davantage, et celle-ci la traita désormais avec moins de rigueur. Quelque léger adoucissement fut apporté à la position de la bergère. Son père, retrouvant ensuite toute son affection envers sa sainte enfant, l'engagea à reprendre la place qui lui était due au foyer paternel, à se réunir à ses frères et sœurs, et à abandonner le réduit malsain qui lui avait été assigné par sa belle-mère.

De meilleurs jours allaient donc luire ici-bas pour la pieuse Germaine. Replacée dans ses droits, au sein de sa famille, elle allait y trouver enfin cette affection et ce bien-être que l'enfant est toujours heureux de rencontrer sous le toit paternel. Mais Germaine, accoutumée à la souffrance et amoureuse des privations, ne voulut accepter que sa part d'affection. Eloignant le bien-être qu'on lui offrait, elle supplia son père de la laisser habiter le réduit où elle était depuis longtemps confinée.

C'est dans ce dernier triomphe que Germaine fit éclater la perfection de son humilité !... Qu'il est doux pour un enfant bien né d'avoir sa place au foyer de la famille et d'y trouver les aises de la vie ! La nature humaine est la même partout ; au village non moins qu'à la ville, elle ambitionne la première place. Et notre jeune bergère ne veut que la dernière. Humble devant les hommes comme elle l'était devant Dieu, elle nous révèle par là sa grandeur ; car il n'y a point de vraie grandeur qui ne soit appuyée sur l'humilité. Ainsi Germaine retraçait la céleste figure de la Mère de Dieu, dont le trait dominant est l'humilité. A l'exemple de Marie, elle pouvait dès lors dire aussi : « Mon âme glorifie le Seigneur... parce qu'il a regardé l'humilité de sa servante... Le Tout-Puissant a fait en moi de grandes choses. »

Quelque obscure et cachée que fût la vie de l'humble servante de Dieu, elle n'avait pu cependant se dérober entièrement à l'admiration des hommes. Sa grande assiduité aux exercices publics de la religion, son profond recueillement dans l'église, le zèle qu'elle montrait pour l'instruction chrétienne des enfants, sa pauvreté extérieure, l'abandon et le délaissement dans lesquels elle paraissait vivre, avaient frappé les regards de tous. Bien qu'on lui eût donné un nom qui, dans l'acception vulgaire, semblait une insulte, ce nom, cependant, dans l'esprit d'un plus grand nombre, marquait assez hautement l'ensemble d'une vie exceptionnelle qu'on ne pouvait s'empêcher de louer et d'admirer.

Tous les habitants de Pibrac savaient d'ailleurs quelle était la position de Germaine au sein de sa famille : ils connaissaient la haine que lui avait vouée sa marâtre. On l'avait vue tous les jours manger son pain noir sans aucune autre nourriture ; ses vêtements étaient propres mais grossiers. Ajoutons que la sainte bergère n'avait rien d'austère dans sa piété et se montrait accessible à tous. Ce n'est pas elle qui aurait voulu se plaindre de la rigueur de son sort. Jamais un léger murmure, un signe de sa part n'avait révélé aux autres qu'elle était malheureuse. On la regardait donc assez généralement comme l'une de ces âmes privilégiées que Dieu fait apparaître de temps à autre sur la terre, pour donner un exemple d'une très-sainte vie et manifester ses desseins de miséricorde.

Les deux prodiges mémorables du passage du Courbet et du pain changé en fleurs étaient venus encore, comme on l'a vu, accroître la réputation de sainteté de Germaine. Le miracle des fleurs surtout, qu'on croit avoir eu lieu peu de temps avant sa mort, avait ouvert les yeux aux plus aveugles sur les vertus de la sainte bergère. Il semblait donc que désormais, aux regards mêmes du monde, l'humble fille allait jouir ici-bas d'une sorte de gloire... Mais Dieu ne voulut pas que sa pauvre servante connût cette gloire terrestre. Il l'avait sanctifiée par l'humiliation et par les souffrances, et c'est au moment où les hommes, forcés par l'éclat des merveilles à devenir plus équitables, commençaient de rendre à la vertu de Germaine les honneurs qu'elle méritait, que Dieu retira de ce monde cette humble fleur des champs. Elle devait s'épanouir et briller d'un vif éclat au ciel seulement, avant de renvoyer ici-bas son bienfaisant parfum pour réjouir et consoler la terre.

Contemplons notre chère sainte à travers cette auréole de respect et d'honneur qui brilla autour d'elle durant les derniers jours de son court pèlerinage. Suivons-la, lorsque tous les matins, elle sortait de l'église du village pour se rendre à la prairie du Cavé : voyez tous ces enfants qui s'attachent à ses pas. C'est à qui portera sa quenouille, sa houlette ou sa pannetière, à qui écartera les broussailles sur son chemin, à qui prendra soin du troupeau. Apercevait-on au milieu du village des groupes d'enfants réunis, on disait : « Germaine n'est pas loin. » Si, vers le soir, quelque petite fille s'attardait pour rentrer sous le toit maternel, les parents étaient sans inquiétude ; ils savaient qu'il y avait au village un ange visible pour veiller sur elle... Voilà ce que les traditions rapportent, ainsi que l'ont attesté un grand nombre de témoins dans le procès de béatification de Germaine !

Suivons une dernière fois l'humble bergère dans ces vertes et riantes prairies où elle menait paître son troupeau, et que le pèlerin aime aujourd'hui à parcourir. « En descendant du plateau au sommet duquel on voit encore l'habitation de Laurent Cousin, et se dirigeant vers le couchant, on arrive, en remontant le Courbet, à une vaste prairie appelait *le Cavé*, et qui a encore conservé ce nom ; elle est située sur les bords d'un ruisseau. De ce vallon on découvre une assez agréable perspective : à droite, le village de Pibrac se dessine avec son église, son clocher, son vieux manoir ; à gauche, le hameau du Gainé avec ses habitations éparses çà et là sur le plateau ; à l'orient les coteaux au pied desquels coule l'Aussonnelle ; au couchant la forêt de Bouconne : en sorte qu'en se plaçant à l'extrémité de la forêt du *Cavé*, on embrasse d'un coup d'œil tous les lieux que Germaine a parcourus ou qu'elle a habités. Elle n'a pas voyagé au delà de cet horizon ; ces bois, ces prairies, cette ferme, ce village ont été pour elle la terre entière, et le vain bruit des choses humaines n'est point arrivé jusque dans cette solitude qu'elle a tant aimée. Ces lieux champêtres ont été le théâtre de toutes ses vertus ; c'est là qu'elle a prié, qu'elle a obéi et souffert. Quand vous les parcourez encore, vous croyez reconnaître la trace de ses pas ; vous la suivez de l'œil descendant de la ferme au vallon, remontant du vallon à l'église, se dirigeant de l'église vers le toit inhospitalier de ses pères. C'est ici, dites-vous, qu'elle traversait le ruisseau ; là son troupeau l'attendait autour de sa houlette; plus loin, le front incliné vers le terre, elle adressait à Dieu ses prières[1]. »

Le pieux biographe et pèlerin que nous venons de citer, nous montre les champs de Pibrac comme étant l'unique horizon dans lequel s'est écoulée tout entière la vie de notre sainte. Ne peut-on pas croire, cependant, que sa tendre dévotion envers la Vierge Marie, sa mère du ciel, l'a portée à franchir, une fois au moins, les étroites bornes de cet horizon, pour aller en pèlerinage avec quelques compagnes au sanctuaire voisin de Notre-Dame d'Alet[2]? Peut-être l'aura-t-on vue, un jour aussi, s'acheminant vers la grande cité de Toulouse, pour vénérer sous les voûtes de la vieille basilique de Saint-Sernin, le précieux trésor de corps saints au milieu desquels elle devait elle-même, deux siècles et demi plus tard, recevoir une place d'honneur... Mais l'histoire et les traditions se taisent sur ces voyages de la pieuse pèlerine... Respectons ce silence, et ne cherchons les pas de notre chère sainte que sur cet heureux petit coin de terre, d'où son âme innocente s'élança vers le ciel.

[1] L'abbé Salvan : *Hist. de la B. Germaine.*

[2] Célèbre pèlerinage à vingt-deux kilom. de Toulouse, sur la paroisse de Montaigut, non loin de Pibrac.

CHAPITRE IX

Mort prématurée de Germaine. — Un pèlerinage à Pibrac.

Le Sauveur Jésus ne voulut pas que sa pauvre servante attendît longtemps l'accomplissement de ses divines promesses. Il se hâta de la retirer de ce monde peu de temps après le miracle des fleurs. La réputation de sainteté de la jeune bergère commençait à briller d'un éclat qui aurait troublé sa vie obscure et cachée. Sa mort fut semblable à sa vie ; Dieu seul en a connu les circonstances ; mais, selon toute apparence, ce terrible moment, qui confond l'arrogance humaine, fut pour l'humble Germaine sans épouvante et sans douleur. Quel sujet avait-elle de le redouter? Elle vit donc venir la mort sans crainte et sans effroi ; elle la salua comme une amie, comme une sœur, qui l'arrêtait subitement pour la convier aux joies du paradis.

Un matin, Laurent Cousin n'entendant pas sa fille, selon sa coutume, se diriger vers l'étable où se trouvait le troupeau, l'appela sous l'escalier où elle avait voulu continuer de prendre son repos. Elle ne répondit point. Il entra et la trouva étendue morte sur son lit de sarments : elle s'était endormie dans sa prière. Dieu l'ayant appelée par son nom avec la douce parole qui réjouira éternellement les âmes saintes, elle avait cessé de souffrir[1].

Ce fut l'an 1601, vers le commencement de l'été, que sainte Germaine termina son court pèlerinage sur la terre. Elle avait vingt-deux ans quand Dieu la rappela dans la céleste patrie,

A peine eut-on appris au village la mort prématurée de la jeune bergère, qu'on répétait de toutes parts : « La sainte n'est plus ! » Déjà la voix publique la déclarait bienheureuse. Un grand nombre de gens accoururent pour la voir. La mort n'avait point altéré les traits de son visage, sur lequel brillait un air tout céleste ; ses membres conservèrent leur flexibilité naturelle.

Lorsque Germaine mourait sans témoins sur le grabat où sa patience avait tant de fois réjoui les regards des anges, Dieu se plut à révéler à plusieurs personnes la gloire sublime dont elle allait prendre possession. Un prêtre de Gascogne qui se rendait à Toulouse, en passant cette nuit-là même dans un village voisin de Pibrac, fut ravi en esprit, et vit une procession de saints tout éclatants de lumière qui descendait du ciel vers Pibrac, d'où ils remontaient quelques instants après au ciel, en conduisant au milieu d'eux une âme bienheureuse de plus. Il poursuivit son voyage, et le lendemain, en retournant de Toulouse à Pibrac, il demanda aux gens du pays s'il était mort quelqu'un dans cette paroisse la nuit précé-

[1] Louis Veuillot.

dente. On lui répondit que c'était la jeune bergère Germaine Cousin, tenue pour sainte par tous les habitants.

Une autre vision est ainsi rapportée :

Deux religieux, allant vers Pibrac, surpris par l'obscurité, avaient été obligés de s'arrêter dans la forêt voisine et d'y attendre le jour. Au milieu de la nuit, tout à coup les bois furent illuminés d'une belle clarté, et une troupe de vierges vêtues de blanc et environnées d'une lumière éclatante parurent aux regards des deux voyageurs, se dirigeant du côté de la chaumière de Laurent Cousin. Bientôt après, elles repassèrent; mais il y en avait une de plus, à qui les autres faisaient cortége, et celle-ci portait une couronne de fleurs nouvelles.

Les deux religieux pensèrent qu'une âme sainte avait quitté la terre; dès l'aube du jour ils entrèrent dans le village et demandèrent si une jeune fille venait de mourir. On leur répondit que non, car on ignorait encore que le Seigneur avait rappelé à lui son humble servante... Mais les deux religieux apprirent bientôt quelle était cette âme sainte que Dieu venait de faire entrer dans les joies du paradis.

On rapporte que la bienheureuse Germaine fut vue encore par d'autres personnes, montant au ciel, accompagnée d'un chœur de douze vierges qui lui faisaient cortége.

La jeune trépassée fut placée dans le cercueil avec un pieux respect. On couronna sa tête de fleurs; c'était une simple couronne composée d'œillets et d'épis de seigle. Un cierge fut aussi placé entre ses mains. Puis cette précieuse dépouille fut portée à l'église.

En partant de cette ferme, qui avait abrité pendant vingt ans la pauvre bergère et qui possédait seule le secret de toutes ses souffrances, le cortége suivit le chemin parcouru tant de fois par la pieuse fille pour se rendre à la maison de Dieu ; et ce cortége, formé des jeunes filles du village vêtues de blanc, des pauvres que la bergère avait assistés, des petits enfants qu'elle aimait à instruire, était comme une marche triomphale vers un tombeau qui devait un jour, sous une forme nouvelle, devenir glorieux et fécond en prodiges.

Germaine fut enterrée dans la nef de l'église, vis-à-vis de la chaire, au côté gauche ; toutefois sa place n'eût rien qui la distinguât des autres, et ne fut marquée par aucune pierre tumulaire, par aucune inscription.

Le souvenir des vertus et des bons exemples de la bergère ne périt point parmi les habitants de Pibrac ; mais ceux qui l'avaient connue disparaissaient peu à peu de ce monde, et l'on finit par oublier la place où reposait sa dépouille. Le Ciel ne l'oubliait point... *Dieu*, toujours *admirable dans ses saints*, et qui *garde leurs ossements*[1], avait marqué ce tombeau d'un signe d'honneur et de miséricorde, pour le rendre éclatant au jour fixé dans ses desseins !

Douce et chère sainte ! telle fut donc votre vie, telle fut votre mort. Mais je ne me sépare point de vous encore, il me reste maintenant à raconter votre glorification sur la terre, brillant effet de la gloire qui couronne vos

[1] Ps. LXVII. 36. — Ps. XXXIII. 21.

vertus au ciel. Permettez toutefois qu'auparavant je fasse halte un instant à votre vénéré tombeau, pour rappeler le souvenir d'un charmant pèlerinage.

C'était aux premiers jours d'octobre (1861), en ce beau mois d'automne, où, dans nos contrées méridionales, les grandes chaleurs ayant cessé, le ciel est resté pur et serein, les arbres n'ont point dépouillé leur feuillage, la terre est couverte de fruits, et où l'on goûte ainsi sans fatigue tous les agréments de la belle saison et des voyages. Me trouvant à Toulouse, je voulus à mon tour, après tant d'autres, faire un pèlerinage à Pibrac. J'avais d'ailleurs, comme tant d'autres, une insigne grâce à demander à la bienfaisante bergère. Qui n'a pas ici-bas quelque bienfait vivement désiré à réclamer des saints? Je partis donc, un matin, du quai de la Daurade, dans l'une de ces voitures toujours remplies qui transportent chaque jour de nombreux voyageurs au village bien-aimé. Deux heures après environ, j'arrivais à Pibrac.

Je me rendis aussitôt à l'église paroissiale. Elle était déjà remplie de pèlerins, mais on y célébrait un service funèbre. Je priai, avec eux et les habitants du village, pour ce mort inconnu dont la dépouille était là devant nous. J'appris plus tard son nom : « C'était un homme riche et heureux, me dit une bonne villageoise; les eaux de Luchon, où il est allé cet été, n'ont cependant pu le guérir; il lui a fallu mourir comme les autres; mais c'était un homme bienfaisant, le bon Dieu aura eu pitié de son âme! »

La messe des pèlerins, qui suivit le service, fut célébrée

dans un profond recueillement. Je fus surpris et édifié surtout du grand nombre des communiants. Il y avait là, parmi ces pieux fidèles, des personnes de tout âge, dont quelques-unes, faibles, infirmes, souffrantes, n'avaient pas voulu faire le pèlerinage à demi. Il leur semblait que sainte Germaine écouterait mieux leurs vœux après qu'elles auraient reçu dans leur cœur l'Hôte divin que la pieuse bergère était venue si souvent recevoir dans le sien en cette même église; douce et juste confiance qui ne sera point trompée!

Après la sainte messe, je suivis la foule s'en venant prier devant le tombeau de sainte Germaine. Que de vœux exprimés dans ce béni sanctuaire! que de pieux élans vers le ciel et vers le trône de la sainte! que de larmes versées! Mais elles ne coulent pas toujours sur un visage attristé. Souvent ce sont de douces larmes de reconnaissance et d'amour.

Laissons à tous ces pieux pèlerins le secret de leurs prières et de leurs vœux au tombeau de la bergère. Leur sainte station est terminée. Voyez-les maintenant, après s'être munis d'objets de dévotion, et surtout d'images de la sainte, se répandre dans le village, sur les pelouses voisines, sur la terrasse du vieux château, et faire un joyeux repas avec leurs simples provisions de voyage! J'ignore si dans ces dernières années, le concours plus nombreux des pèlerins a fait établir à Pibrac des restaurants et des hôtels à leur usage, mais je n'en ai point aperçu en 1861. Sur la porte de plusieurs maisons rustiques on lisait seulement cette enseigne assez étrange :

Ici l'on reçoit ceux qui s'apportent leurs vivres. C'est en effet la coutume des pèlerins de Pibrac d'apporter leurs provisions de bouche, et d'en faire un repas champêtre, le plus souvent sur la terrasse du château, qui présente alors un spectacle très-animé et très-pittoresque.

Le soleil avait atteint à peu près le milieu de sa course. Il me restait à compléter le pieux pèlerinage par une visite à l'ancienne ferme de Laurent Cousin et de Marie Laroche. Je descendis du village, et, après quelques centaines de pas, sur un chemin qu'avoisinent les dernières maisons, je rencontrai le ruisseau du Courbet, traversé tant de fois par notre sainte bergère. Il était paisible alors et d'un facile accès. Je me le représentai grossi par les orages, et la pieuse Germaine, protégée par les anges, le passant à pied sec pour se rendre à la maison de Dieu.

Arrivé au delà du Courbet, je gravis un monticule et pris le sentier qui conduit à la ferme de maître Laurent. Je marchai lentement. Le soleil d'octobre faisait sentir encore ses chauds rayons. Tout était calme dans la nature. Je m'arrêtai un instant pour contempler le village et son pittoresque clocher sur la colline. Tout à coup un son argentin vint frapper agréablement mon oreille. C'était l'*Angelus* de midi.... Jamais peut-être je n'ai mieux compris la beauté de cette prière, qui trois fois le jour vient redire à chaque fidèle : « Souviens-toi que tu as un Dieu pour père, pour frère et pour Sauveur ; une Mère de Dieu pour sœur, pour avocate et pour mère. » Dans nos villes, la cloche de l'*Angelus* est trop souvent étouffée sous le bruit et le mouvement de la foule. Mais au milieu de la paix des champs, il n'en est point ainsi : c'est là surtout que l'*Angelus* révèle librement son heureuse influence avec ses charmantes harmonies. Je me rappelai en ce moment avec quelle tendre dévotion Germaine, en ce même lieu, récitait la céleste prière, et il me semblait entendre encore sa douce voix *saluer Marie pleine de grâce;* j'oubliai que la bienheureuse était auprès du trône de Marie, et qu'avec toute la cour céleste elle célébrait bien mieux encore qu'ici-bas les louanges de la Reine du ciel....

J'arrivai à l'humble métairie de maître Laurent. Un jeune enfant qui m'aperçut guida mes pas vers un petit sanctuaire disposé sur le seuil de la porte sous un pauvre escalier. Rien de simple et de touchant comme cette petite chapelle dans ce rustique manoir. Une nappe blanche sur une table avec quelques vases de fleurs ! quelques images, statuettes ou médaillons, appendus au mur, quelques cierges, une assiette pour recevoir l'offrande des pèlerins, destinée à l'entretien du petit sanctuaire !.. Voilà tout ce que j'ai vu sur ce sol béni d'où s'est envolée au ciel l'âme d'une jeune sainte ! J'ignore si depuis ma visite ce lieu modeste a changé d'aspect.... Mais alors il était ainsi. On aurait dit une de ces chapelles enfantines de la *Fête-Dieu* que les enfants font en se jouant devant les portes de leur maison dans les rues de notre capitale....

Devant cette humble chapelle cependant je me suis agenouillée, et j'ai prié... et il me semblait que ma prière, sortant d'un cœur ému, montait au ciel vers l'âme de notre chère sainte....

Bienheureuse Germaine! oui, je vous ai priée, et ma prière en ce lieu béni n'a point été vaine! vous avez daigné l'écouter et la présenter au trône du Dieu des miséricordes qui a bien voulu l'exaucer!... Et voilà pourquoi aujourd'hui j'ai voulu à mon tour redire votre histoire et vous consacrer ces pages comme un *ex-voto* de ma vive reconnaissance.

Chère sainte! permettez à celui qui trace ces lignes d'élever vers vous encore un regard suppliant. Né dans la même province que vous, il s'honore d'être presque votre compatriote. A ce titre, du moins, permettez qu'il implore votre appui, et qu'il ose attendre de vous, pour lui et pour les siens, secours et protection. Soyez bénie pour vos bienfaits passés, et que vos bienfaits nouveaux viennent partout nous rappeler de plus en plus votre miséricordieuse puissance dans les splendeurs du paradis!

SECONDE PARTIE

BÉATIFICATION, CANONISATION ET CULTE DE LA PIEUSE BERGÈRE

CHAPITRE I

Invention du corps de sainte Germaine. — Première translation.

Quarante-trois ans s'étaient écoulés depuis la mort de Germaine. Le souvenir de la pieuse bergère était vivant encore dans l'esprit d'un certain nombre de villageois de Pibrac : les petits enfants eux-mêmes connaissaient son nom et ses vertus par les récits dont les avaient bercé leurs vieux parents.

En l'année 1644, mourut dans la ferme de maître Laurent, toujours occupée par ses descendants, une femme de la famille Cousin, dont la tradition nous a conservé le nom : elle s'appelait Endoualle. Cette femme devait être enterrée dans le tombeau de Laurent. Suivant la remarque d'un historien de la sainte, il est indubitable que depuis l'année 1601 jusqu'en 1644 quelques autres membres de la même famille avaient été enterrés dans ce tombeau, ce qui rend l'invention du corps de Germaine beaucoup plus merveilleuse. « Il est hors de doute, ajoute-t-il, que la découverte de ses ossements aurait pu être faite beaucoup plus tôt si Dieu l'eût voulu ; mais la Providence, qui veille avec tant de soin sur tous les événements qui intéressent la gloire des saints, voulut que l'invention du corps de Germaine eût lieu précisément à l'époque où allait disparaître sans retour la génération contemporaine de l'humble bergère ; en sorte que Dieu semblait dire au silence et à l'oubli qui régnaient sur cette tombe depuis quarante-quatre ans : Vous n'arriverez pas jusque-là, et maintenant par ma puissance infinie, je vais vous dissiper et vous rompre [1].

Quoi qu'il en soit, un fait incontestable est acquis à notre histoire : nous le rapporterons dans sa touchante simplicité.

Un jour de l'année 1644, deux hommes se disposaient à creuser une fosse vis-à-vis de la chaire, dans l'église paroissiale de Pibrac. Après avoir enlevé une des pierres qui formaient le pavé de l'église, ils commencèrent à enlever la terre pour y déposer le corps de la parente de Germaine. Mais aux premiers coups de pioche, ils se retirent étrangement surpris : ils venaient de mettre à découvert le corps d'une jeune fille dans un parfait état d'intégrité. Une femme, Françoise Pérès, qui se trouvait

[1] L'abbé Salvan. — Cest dans l'intéressant ouvrage de ce biographe de la sainte que nous avons puisé la plupart des détails concernant sa béatification. Nul n'a plus que lui approfondi et traité savamment cet important sujet.

dans l'église, en sortit aussitôt et appela le peuple pour être témoin de cette étonnante découverte. La foule des paroissiens accourt avec M. le curé de Pibrac et va procéder aussitôt à l'examen de ce corps. Les spectateurs sont d'abord frappés d'une merveille : une lésion au nez, faite accidentellement par le fer, laissait voir à ce même endroit une chair vive et rosée. Tous les membres étaient en leur entier et très-flexibles ; les vêtements et le suaire qui couvraient le corps étaient intacts. « La chair, dit le premier biographe de la sainte, paraissait sensiblement molle en plusieurs endroits ; les ongles des pieds et des mains étaient encore adhérents à la chair ; la langue et les oreilles, quoique déssêchées, étaient parfaitement conservées... On trouva sur le corps une guirlande formée d'œillets et d'épis de seigle ; les fleurs étaient légèrement fanées, les épis n'avaient rien perdu de leur couleur naturelle, et les grains dont ils étaient remplis avaient la même fraîcheur qu'au temps de la moisson. Un cierge était placé entre les mains de la jeune fille[1]. »

Les anciens du village reconnurent bientôt, d'après les traits du visage, la stature, la difformité d'une des mains et quelques cicatrices encore existantes, que ce corps était celui de Germaine Cousin, jeune bergère du pays, qu'ils avaient vue autrefois à Pibrac. Ces indices ne pouvaient les tromper, et ils en rendirent témoignage. Ils avaient conservé un souvenir très-fidèle de l'époque de sa mort, et des circonstances des funérailles de la bergère. On rappela quelques événements de sa vie. On doit re-

[1] L'abbé Salvan.

gretter néanmoins qu'en ces jours-là mêmes, alors qu'une grande partie de la génération contemporaine de Germaine existait encore, on n'ait point interrogé tous ces témoins et dressé des actes authentiques de leurs dépositions. Combien de traits de sa vie on aurait ainsi infailliblement sauvés de l'oubli. Toutefois, au nombre des villageois de Pibrac, qui avaient vu la pieuse bergère, et qui assistèrent en 1644 à la découverte de son corps, Dieu en réserva deux qui vinrent, dix-sept ans plus tard, déposer dans l'enquête juridique, des faits de la vie de Germaine, dont ils avaient été eux-mêmes les témoins.

Le corps de la bienheureuse, ayant été levé de terre, fut placé aussitôt dans un cercueil ouvert, lequel fut adossé au mur de l'église, près de la chaire, de telle sorte qu'on voyait ce corps debout dans son entier. On agit ainsi, sans doute, pour satisfaire la curiosité et la dévotion publique, excitée déjà par cet événement merveilleux. Mais la pieuse dépouille ne devait pas conserver longtemps cette place d'honneur.

En l'année 1645, habitait en un manoir voisin un riche gentilhomme appelé François de Beauregard, co-seigneur de Pibrac. Le Ciel avait béni sa récente union avec Marie de Clément Gras par la naissance d'un fils sur lequel reposaient toutes leurs espérances. Or, le banc seigneurial de la comtesse de Beauregard, dans l'église de Pibrac, se trouvant placé près de la chaire, la vue du corps de Germaine paraissait beaucoup incommoder la noble dame, et plusieurs fois elle avait témoigné hautement le désir de le voir enlever. Elle fut punie de son mauvais procédé envers la servante de Dieu et fut affligée d'un horrible ulcère au sein. Son jeune enfant, qu'elle allaitait, devint malade et fut bientôt réduit à la dernière extrémité. Tout l'art des plus habiles médecins et chirurgiens mandés de Toulouse ne put apporter aucun remède au mal de la mère et de l'enfant. M. de Beauregard voyant la profonde affliction de sa femme, lui rappela le mépris qu'elle avait fait du corps de la bergère, lequel avait peut-être attiré sur elle un châtiment du ciel. Touchée de cet avertissement, la comtesse se mit aussitôt en prières, et se plaça sous la protection de Germaine, dont la sainteté commençait à briller d'un certain éclat. La nuit suivante, la pauvre mère fut grandement consolée. Se réveillant de son sommeil, elle vit sa chambre subitement sillonnée par une clarté toute céleste; et, peu d'instants après, elle aperçut la jeune bergère venant à elle, environnée de la splendeur des saints. Germaine, avec un air de bonté, l'avertit que sa prière était exaucée, que son mal allait cesser et que son enfant reprendrait toutes ses forces. La vision merveilleuse disparut... La bonne dame fut transportée de joie : réveillant aussitôt son mari et ses domestiques, elle leur raconta sa vision et la promesse qui lui avait été faite. Dès ce moment l'ulcère fut guéri, la plaie cicatrisée, l'enfant reprit sans difficulté le sein maternel, qu'il repoussait depuis plusieurs jours.

Le lendemain, la paroisse de Pibrac vit un spectacle touchant. Mme de Beauregard, accompagnée du comte son époux et de toute sa maison, portant entre les bras son petit enfant guéri, se rendit à pied, malgré la longueur du chemin, à l'église; elle y fit célébrer une messe solennelle d'actions de grâces, et prosternée humblement devant le corps de la bergère, elle lui offrit son enfant. L'heureuse mère racontait à tous les villageois la faveur dont elle avait été honorée, et en témoignage de sa gratitude, elle s'engagea à faire hommage d'un cercueil de plomb pour y renfermer la précieuse dépouille de Germaine. Parmi les domestiques de la comtesse, se trouvait une jeune fille de vingt-six ans, Françoise Pagèse : témoin fidèle de cet événement, elle l'attesta sous la foi du serment, dans un âge très-avancé, lors de l'enquête qui eut lieu en l'an 1700.

Le cercueil de plomb ayant été préparé, on y déposa le corps de la bienheureuse bergère, et on le transporta dans la sacristie.

C'est là que les paroissiens de Pibrac et les fidèles des environs commencèrent à se rassembler et à présenter leurs suppliques à la jeune bergère devenue désormais célèbre dans toute la contrée. Dès ce moment, s'ouvre la série non interrompue de merveilles et de prodiges que Dieu s'est plu d'opérer jusqu'à nos jours pour glorifier son humble servante.

CHAPITRE II

Sainteté de Germaine manifestée par des prodiges éclatants.

Durant les seize années qui suivirent, jusqu'en 1661, un grand nombre de miracles vinrent attester au monde la sainteté de Germaine. M. l'abbé Salignac, de l'ordre de Malte, homme de zèle, de science et de piété, alors curé de Pibrac, prit le soin de constater par des procès-verbaux les guérisons miraculeuses qui s'obtenaient presque chaque jour par l'intercession de Germaine. Jusqu'alors cependant, l'autorité épiscopale n'avait publié aucun acte authentique. A cette époque seulement s'ouvrit l'ère de cette longue procédure, qui devait se clore, deux siècles plus tard, par un décret solennel de canonisation.

Le 22 septembre 1661, M. Jean Dufour, prêtre, chanoine archidiacre de l'église métropolitaine de St-Etienne, et vicaire général de Mgr Pierre de Marca, archevêque de Toulouse, vint à Pibrac pour y faire la visite pastorale au nom du prélat, alors député aux états de Narbonne. Ainsi qu'il est d'usage en pareille circonstance, le vicaire général procéda à l'examen des diverses reliques conservées dans l'église. On lui présenta dans la sacristie un reliquaire renfermant des ossements apportés de Rome par feu M. le chevalier de Pibrac. Son attention fut attirée ensuite par une caisse de plomb en forme de cercueil, dans laquelle était un corps entier merveilleusement conservé et flexible. Un nouvel examen le fit reconnaître tel qu'on l'avait vu dix-sept années auparavant. Les vêtements et le suaire, à l'exception de quelques morceaux qu'on avait détachés, étaient encore intacts.

M. Dufour s'informa s'il n'existait pas dans la paroisse quelques habitants contemporains de la personne dont la dépouille reposait dans ce cercueil. M. le curé de Pibrac lui présenta deux vénérables vieillards, âgés de plus de quatre-vingts ans, nommés Pierre Paillès et Jeanne Salère. Sur les interrogations du vicaire général, ces deux vieillards répondirent qu'ils avaient connu la personne dont le corps était présent. Elle s'appelait, dirent-ils, Germaine Cousin; elle était atteinte de scrofules et percluse d'une main; on la désignait ordinairement sous le nom de *la bigote;* elle mourut environ soixante ans avant la présente année; enfin il y a dix-sept ans que son corps a été levé de terre. Telle fut la déclaration précise de ces deux vénérables vieillards, consignée dans le procès-verbal de l'archidiacre Jean Dufour. Il est hors de doute que ces vieillards contemporains rapportèrent alors les particularités de la vie de Germaine, comme ils avaient dû le faire à l'époque de l'invention du corps, en 1644. Non-seulement ils avaient connu la pieuse bergère, mais ils étaient ceux-là mêmes qui avaient vu le miracle des fleurs. Si l'archidiacre ne crut pas devoir relater ces particularités dans son procès-verbal, ce fut par un excès de prudence, qui servit à montrer d'une manière éclatante la sainteté de Germaine, en portant au plus haut point de certitude le fait si frappant de la conservation de son corps à soixante années d'intervalle de sa mort.

Après une vérification solennelle, M. Dufour ordonna que le cercueil de Germaine fût fermé à clé, et placé dans la sacristie, au côté droit, sur deux bancs élevés de terre. M. le curé de Pibrac présenta ensuite au vicaire général un livre dans lequel étaient consignées les diverses guérisons opérées par l'intercession de la jeune bergère et attestées par des témoins oculaires. L'archidiacre statua qu'il serait procédé à une enquête juridique sur la vérité de ces guérisons. Il défendit, sous peine d'excommunication, qu'on exposât le corps pour lui rendre aucun culte, « jusqu'à ce qu'il plaise à la divine Providence de continuer d'une manière plus éclatante encore à manifester sa volonté sur ce sujet, et qu'il en soit ordonné autrement par l'Eglise. »

Par des retards que nous ne pouvons expliquer, l'enquête n'eut lieu que près de quarante ans plus tard. Durant ce laps de temps, le Seigneur n'avait cessé de glorifier par d'éclatants miracles son humble servante et d'augmenter ainsi de plus en plus la réputation de sa sainteté.

Un an après la visite de M. Dufour à Pibrac, une villageoise, nommée Anne Frégaud, fut atteinte d'humeurs scrofuleuses qui résistèrent à tous les remèdes de l'art. N'attendant plus rien des secours humains, elle eut l'heureuse pensée d'implorer l'appui de la bergère qui avait été sujette à une pareille infirmité. Elle se rendit à la sacristie, et là, prosternée devant le tombeauu de Germaine, elle se plaça sous sa protection... A l'instant même, son mal disparut ; elle s'empressa de montrer les cicatrices de ses plaies, et tout le monde demeura convaincu de la réalité du miracle. C'était en 1664. Trente-six ans plus tard, Anne Frégaud, appelée comme témoin devant le R. P. de Morel, déclara que depuis le moment où elle avait éprouvé la protection de la bergère elle n'avait ressenti aucune douleur.

En 1670, M. Romenguère, vicaire de la paroisse de Pibrac, était tombé sous le coup d'une paralysie que les médecins déclarèrent incurable. Plein de confiance en la protection de la bergère, il se fit porter à l'église devant le corps de Germaine. Il était accompagné d'une grande partie des paroissiens. A peine le pieux vicaire eut-il terminé sa prière, qu'il se releva plein de force et de santé. Dans les transports de sa joie, il revêtit sur-le-champ les habits sacerdotaux et célébra les saints mystères au milieu du peuple ravi d'admiration. L'un des assistants, nommé Pierre Fougasse, déclara, trente ans plus tard, au R. P. de Morel, avoir été témoin oculaire de cet éclatant prodige.

A Cornebarrieu, village peu éloigné de Pibrac, habitait une famille du nom de Rocques. Il s'y trouvait une jeune fille du nom de Bernarde, âgée de douze ans et affligée d'une paralysie générale. C'était en 1677. Depuis quatre ans déjà la pauvre enfant était percluse de tous ses membres. Ses parents, ayant entendu raconter les merveilles qui s'opéraient au tombeau de Germaine, résolurent de porter la jeune infortunée à l'église du village. Ils réalisèrent leur projet. Après qu'elle eut entendu la messe, Bernarde fut transportée auprès du cercueil. Au même instant elle se sentit complétement guérie; à la vue de tous les assistants, elle se leva sans aucun secours, et elle revint à pied à Cornebarrieu.

Le bruit de ces divers prodiges s'étant répandu de toutes parts, les fidèles accouraient des contrées voisines au tombeau de la bergère. Mgr de Montpezat de Carbon, alors archevêque de Toulouse, apprit avec bonheur les merveilles que la Providence faisait éclater au tombeau d'une pauvre fille. C'était un prélat plein de zèle et de prudence. Il avait projeté de se rendre à Pibrac, afin de constater par lui-même l'authenticité de ces miracles, et prendre des informations exactes sur la vie et la mort de la bergère. Mais, obligé de se rendre en 1685 à Paris pour assister à l'assemblée générale du clergé de France, il ne put donner suite à son projet. Il voulut du moins, par un acte mémorable, témoigner de son zèle pour la gloire de Germaine et l'intérêt qu'il portait à son culte. Il publia une ordonnance enjoignant au curé de Pibrac et à toute autre personne compétente de prendre tous les renseignements possibles, de faire toutes les enquêtes nécessaires sur la vie, les vertus, la mort, les miracles de la bergère, et de ne rien négliger pour obtenir un heureux résultat. Mgr de Montpezat est ainsi le premier archevêque de Toulouse qui se soit intéressé directement à la cause de la sainte. La mort l'empêcha de réaliser les projets qu'il avait formés à cet égard. A Mgr Michel de Colbert, l'illustre successeur du vénérable prélat, étaient réservés le mérite et l'honneur de poursuivre activement cette cause importante.

Les miracles se multipliaient. C'était la voix de Dieu qui manifestait ses immortels desseins sur une pauvre fille des champs. En 1688, Jean de la Part, habitant de Coulomiers, se voua à Germaine avec un de ses fils et deux filles; tous les quatre étaient atteints d'écrouelles et déjà couverts d'ulcères. Pour accomplir leur vœu, ils allèrent ouïr la messe dans l'église de Pibrac. Puis ils vinrent auprès du tombeau de la bergère : ils ne l'eurent pas plus tôt touché qu'ils furent subitement guéris. Il ne parut dès lors sur eux que les seules cicatrices de leurs plaies, témoins irrécusables de cette merveilleuse guérison.

Un prodige plus éclatant que tous les autres miracles vint augmenter la dévotion des peuples envers la bergère : ce fut la protection éclatante dont elle couvrit les habitants de Pibrac en 1692. Durant l'été de cette année, on vit un jour, par un mouvement spontané, les villageois épouvantés accourir à l'église, se précipiter en foule autour du tombeau de Germaine, et la supplier de protéger leurs maisons, leurs moissons et leurs fruits. Une affreuse tempête allait éclater. Le tonnerre grondait au loin, l'horizon paraissait en feu. Jamais de mémoire d'homme on n'avait vu un orage se former et s'annoncer d'une manière aussi sinistre. Les pauvres villageois priaient avec ardeur celle qu'ils regardaient déjà comme leur patronne. Leur prière fut à l'instant exaucée.

L'orage, qui éclata sur tous les points environnants et ravagea tout sur son passage, épargna les champs de Pibrac, et le ciel, au-dessus du village, parut toujours serein. Cette protection visible de la pieuse bergère porta la dévotion du peuple envers elle jusqu'à un saint enthousiasme. Il fut résolu dès lors d'un commun accord qu'on prendrait tous les moyens possibles pour obtenir sa béatification... Quatre années furent employées à un travail préparatoire d'enquêtes. L'année 1696 fut marquée par un évènement important.

A un jour indiqué toute la communauté de Pibrac s'assembla dans l'église. On rappela la suite des faits qui s'étaient produits relativement à Germaine. Les témoins contemporains n'existaient plus; mais on avait recueilli avec soin tous leurs anciens récits. Dans cette assemblée se trouvaient plusieurs personnes qui avaient assisté à l'invention du corps, en 1644, comme à la visite de l'archidiacre Dufour, en 1664. Ainsi la tradition était fidèlement conservée; les faits se présentaient solidement appuyés par la génération contemporaine et par celle qui l'avait immédiatement suivie. Il fut décidé qu'on nommerait un délégué ou fondé de pouvoirs de la communauté, à l'effet de poursuivre la cause de Germaine devant l'autorité compétente. Un honorable gentilhomme, messire Jacques de Lespinasse, ancien capitoul de Toulouse, avocat au parlement et co-seigneur de Coulomiers, fut chargé, à l'unanimité des suffrages, de cette importante mission.

Le siége épiscopal de Toulouse était alors occupé par

un prélat d'une illustre naissance, Mgr Michel de Colbert. Informé des miracles éclatants qui s'opéraient dans son diocèse par l'intercession d'une pauvre bergère, le pontife en parut singulièrement frappé. En 1698, il se rendit lui-même à Pibrac, fit ouvrir le tombeau de Germaine, examina le corps, en constata la parfaite intégrité, et rendit une ordonnance pour hâter l'exécution de celle de son prédécesseur. Le prélat reçut à Pibrac la visite du postulateur et promit de donner au plus tôt tous ses soins à ce que la cause de la bergère reçût un commencement d'exécution. Cette promesse combla de joie les habitants, et Mgr de Colbert quitta le village au milieu des bénédictions de tout un peuple, qui entrevoyait déjà la couronne des saintes sur le front de sa bienfaisante patronne.

CHAPITRE III

Enquête sur la vie, la mort et les miracles de la jeune bergère. Profanation et conservation merveilleuse de ses reliques.

Nous voici arrivés, avec la première année du dix-huitième siècle, à une époque mémorable dans les annales de l'Eglise de Toulouse. Tous les faits relatifs à la vie, à la mort et aux miracles de l'humble bergère vont se dérouler aux yeux de l'autorité ecclésiastique avec tous les caractères possibles d'authenticité. Rien, ce semble, ne devra plus s'opposer désormais à la marche rapide d'une béatification depuis longtemps attendue et désirée.

Le 5 janvier 1700, on vit, avec une grande joie, arriver à Pibrac le R. P. Joseph de Morel, prêtre de la congrégation de l'Oratoire, curé de la paroisse de la Dalbade, à Toulouse, et vicaire général de Mgr l'archevêque. Il venait, accompagné du postulateur, procéder à une enquête, en qualité de juge délégué. Il célébra la messe au milieu d'un concours immense de peuple, donna la communion à plus de cinq cents personnes et prêcha sur l'objet de sa visite. On procéda ensuite à une nouvelle reconnaissance du saint corps, qui fut trouvé encore entier et dans l'état décrit en l'acte authentique dressé en 1661.

Une seconde séance, le 17 janvier, fut consacrée à l'audition des témoins. Ce fut un moment solennel, dit un biographe, que celui où, en présence des autels et devant le cercueil qui renfermait les ossements de l'humble bergère, tous les vieillards furent convoqués pour attester ce qu'ils avaient vu et ce qu'ils avaient entendu. Un siècle entier s'était écoulé depuis la mort de Germaine, et Germaine paraissait reprendre une nouvelle vie par tous ces témoignages que les traditions et les souvenirs allaient chercher dans le passé, pour la glorifier devant les hommes [1].

Le 18 janvier, le R. P. de Morel, après la messe et la prédication, procéda encore à l'audition de nouveaux témoins sur les miracles opérés par l'intercession de la pieuse bergère. Il avait désigné deux chirurgiens, MM. Lacaze et Marquet, qui, après avoir prêté serment, procédèrent à l'examen du corps. Ceux-ci déclarèrent formellement que ce corps, dans l'état où il se trouvait, n'avait pu se conserver par les voies ordinaires. Après cet examen, le cercueil fut refermé, et le vicaire général fit défense expresse, sous peine d'excommunication, de rendre aucun acte public de vénération à ces ossements, jusqu'à ce qu'il plût à la divine Providence de l'autoriser.

Le pieux oratorien, juge délégué de Mgr de Colbert, ne négligea rien pour arriver à la connaissance pleine et

[1] L'abbé Salvan : *Hist. de la B. Germaine.*

entière de la vérité. On entendit tous les témoins, on interrogea tous les souvenirs, on recueillit avec un soin extrême tous les faits qui avaient quelque rapport avec la pieuse bergère. Le procès-verbal de cette célèbre enquête devint dès lors un monument historique d'une haute importance, le fondement de toutes les procédures pour l'avenir.

Une copie des pièces authentiques de l'enquête de 1700 fut transmise à Rome peu d'années après la visite du R. P. de Morel; et le P. Constantin de Figeac, de l'ordre des Capucins, missionnaire apostolique en Mésopotamie, fut chargé de poursuivre le procès de la béatification. Ce religieux étant parti pour les missions du Levant, il fut nécessaire de nommer à Rome un autre postulateur. Le choix tomba sur M. Daumon, curé de Saint-Louis des Français, qui avait des relations de parenté à Toulouse. Cette nomination avança peu l'affaire. Les habitants de Pibrac s'affligeaient de ces retards; nous les voyons, en 1739, nommer un autre seigneur non moins recommandable par sa piété que par son zèle, syndic de la béatification : c'était M. d'Aubisson, digne émule de M. de Lespinasse.

« Dans l'étude approfondie que nous avons faite de tous les actes qui se sont produits, dit ici M. l'abbé Salvan, une remarque a surtout frappé notre esprit : c'est de voir l'action perpétuelle de la Providence sur cette simple fille, et l'ordre avec lequel les événements divers ont été disposés pour l'exécution des immortels desseins que Dieu avait formés afin de la glorifier devant les hommes. Qui ne serait touché avec nous de cette attention soutenue avec laquelle Dieu a écarté les obstacles, ménagé des circonstances imprévues, disposé les esprits, ranimé la piété des peuples, placé de loin en loin, d'époque à époque, des hommes visiblement suscités pour entreprendre et protéger la cause d'une simple bergère!... Nous l'avons déjà observé, cette intervention directe de la Providence paraît à nos yeux un perpétuel miracle tout au moins aussi éclatant que les guérisons multipliées qui se sont opérées au tombeau de Germaine[1]. »

Durant le cours du dix-huitième siècle cependant, la cause de béatification de la bergère demeura comme suspendue; mais la puissance de son intercession ne l'était point. Les miracles se poursuivaient. On en trouvait la preuve dans la dévotion toujours croissante du peuple. « Les commandeurs de Malte, dans leur visite seigneuriale à l'église de Pibrac, dit Mgr de Toulouse, ont attesté par écrit, chaque vingt-cinq ans, que la tradition des miracles n'avait pas été interrompue un seul instant en ce lieu. Or, bien plus qu'aux sourires de l'ignorance et aux doutes du scepticisme, je crois aux serments des anciens preux et à la parole d'honneur de nos ancêtres[2]. »

Néanmoins, depuis l'année 1705 jusqu'à la fin du siècle, on ne trouve le procès-verbal d'aucun miracle, aucune relation écrite. Dans le procès de la béatification, on a seulement recueilli, par la voie traditionnelle, le récit de

[1] *Hist. de la B. Germaine de Pibrac.*

[2] Mandement de Mgr l'archevêque de Toulouse, du 5 janvier 1866.

quelques guérisons miraculeuses opérées vers les années 1761 et 1783. Ce fait pourrait sembler étrange; mais si on n'a pas pris le soin de publier tous les prodiges opérés par l'intercession de la sainte durant cette époque intermédiaire, cet oubli, suivant la juste réflexion de son biographe, doit être attribué à la fausse persuasion où étaient MM. les curés de Pibrac, que le procès de la béatification se trouvant suspendu, il était complétement inutile de s'occuper des miracles [1].

Il paraît donc juste d'assigner à notre chère sainte une place d'honneur parmi les grands thaumaturges des XVIIe, XVIIIe et XIXe siècles.

Nous arrivons à cette époque de désastreuse mémoire, où la fureur sauvage des révolutionnaires s'exerçait sur tous les objets du culte catholique, et principalement sur les images et les reliques des saints. En l'an 1793, le corps de la pieuse bergère eut à subir une indigne profanation. La municipalité de Toulouse, ayant appris que les fidèles se rendaient encore à Pibrac auprès du tombeau de la bergère, résolut d'enlever le corps à la vénération publique. Un fabricant de vases d'étain se chargea de ce sacrilége. Son arrivée à Pibrac y répandit la stupeur. Quatre hommes du village furent requis pour l'aider. L'un d'eux se sauva, les trois autres exécutèrent l'odieuse commission. Après avoir retiré le corps de la caisse en plomb, qui fut confisquée pour fabriquer des balles, ils l'enfouirent dans une fosse creusée dans la sacristie même, et ils jetèrent dessus en abondance de l'eau et de la chaux

[1] L'abbé Salvan.

vive, afin d'en assurer la rapide et complète dissolution.

Un prompt châtiment du ciel frappa ces trois malheureux. L'un fut paralysé d'un bras. L'autre devint difforme; son cou se roidit et lui tourna hideusement la face vers l'une des épaules. Le troisième enfin fut atteint d'un mal aux reins qui le plia pour ainsi dire en deux : contraint de marcher avec des béquilles, le corps entièrement courbé vers la terre, il demeura jusqu'à sa mort dans ce triste état, témoin vivant des châtiments de son impiété. Les deux autres, plus de vingt ans après, recoururent humblement à l'intercession de l'innocente vierge dont ils avaient si indignement profané les restes, et ils obtinrent par elle la double guérison de leur âme et de leur corps.

C'était en vain qu'on avait soustrait les précieux restes de la sainte aux yeux des habitants du pays : la dévotion et la confiance en elle n'en subsistèrent pas moins. On se rendait en cachette à la sacristie de Pibrac, et là, à genoux sur la tombe, on priait et on demandait les grâces désirées. Ceux qui ne pouvaient s'en approcher saluaient de loin la chère petite bergère, se recommandaient à elle, et en étaient, comme auparavant, secourus dans leurs misères et leurs infirmités. Dès que les temps devinrent un peu meilleurs, en 1795, le maire de Pibrac, cédant aux vœux des habitants, fit ouvrir la fosse. Ils eurent la consolation de voir que le complot des révolutionnaires n'avait pas entièrement réussi. A l'exception des chairs que la chaux vive avait dévorées, le reste du corps s'était conservé. On retrouva intacte le voile de soie qui entourait la tête, les fleurs, plusieurs autres objets, précédemment enfouis avec la précieuse relique par les violateurs de 1793. Tous ceux qui assistèrent à cette exhumation furent témoins d'un éclatant prodige consigné dans le sommaire de la cause : le suaire de soie parut imprégné de taches de sang. On se figure quelle émotion se répandit parmi le peuple à cette vue. Le saint corps levé de terre fut enveloppé d'un très-beau suaire offert par la piété des habitants. Ensuite, au milieu des cris de joie et d'allégresse, le précieux dépôt reprit sa place dans la sacristie, au même endroit que les fidèles de Pibrac et les pèlerins du dehors connaissaient depuis si longtemps.

Lorsque le schisme eut disparu, et que les églises furent rouvertes, les fidèles purent avoir la consolation, comme auparavant, de s'approcher du cercueil de la pieuse bergère, de le toucher, de contempler de leurs yeux ses vénérables restes. Le pèlerinage reprit une splendeur nouvelle.

On doit remarquer ici la conduite admirable de la Providence envers notre bergère, et comment elle sut faire servir à la conservation de ses précieuses reliques ce que l'impiété avait mis en œuvre pour les détruire. « Ce corps, dit l'abbé Salvan, placé dans la chaux vive, fut dérobé pour toujours à des profanations qui étaient sans cesse exercées sur les autels, les tabernacles, les statues, les temples, les images et les reliques des saints. En bien d'autres lieux, on brûla les corps des martyrs sur la place publique, au milieu de hideuses saturnales, et l'on jeta leurs cendres aux quatre vents du ciel. Les ossements de Germaine auraient pu subir le même sort; il est même étonnant que dans la disposition où se trouvaient alors les esprits, ils ne l'aient point éprouvé. On aurait pu enterrer ce corps dans le cimetière commun et le confondre ainsi avec tous les autres : Dieu ne le permit pas. Il eût été à craindre que la dévotion des peuples n'eût peut-être disparu avec ces reliques. Il était donc nécessaire que ce corps fut conservé, et cette chaux vive a été pour cette pieuse fille ce que fut pour le buisson d'Horeb la flamme qui l'entourait tout entier sans le consumer jamais....

« La Providence a veillé avec un soin tout particulier sur les reliques de la bienheureuse; elle a accompli en faveur de ce corps ces magnifiques paroles du prophète : « Dieu garde les ossements des saints, et pas un ne sera brisé [1]. »

[1] L'abbé Salvan : *Hist. de la B. Germaine de Pibrac.*

CHAPITRE IV

Sainte Germaine au dix-neuvième siècle. — Reprise de la cause. Les quatre miracles approuvés par le Saint-Siége.

Le dix-neuvième siècle, si fécond en grands événements politiques et religieux, devait voir enfin le glorieux triomphe de l'humble bergère de Pibrac. Le moment était venu de reprendre le procès de la béatification commencée depuis déjà un grand nombre d'années. Un plus long retard pouvait obliger de l'abandonner sans retour. « Le souvenir qui s'était conservé à l'aide des miracles, passant sans altération des pères aux enfants, allait s'obscurcir ou disparaître. La guerre, en dispersant la jeunesse loin des foyers paternels, avait rompu la chaîne jusque-là si nette des témoignages domestiques. Les générations nouvelles n'auraient pu attester que le souvenir général des grandes vertus de la bienheureuse et l'évidente continuité des miracles. Il importait d'interroger les anciens, ceux qui, venus au jour dans un temps plus tranquille, et ne connaissant guère d'autre histoire que celle de leur village, la savaient parfaitement pour l'avoir recueillie de leurs ancêtres, qui avaient vécu presque en même temps que cette bergère, dont la vie était le grand événement local. Dieu semblait conserver ces vieillards de quatre-vingts et de quatre-vingt-dix ans, afin de leur donner le temps de remettre à l'Eglise le dépôt des pieuses traditions qui allaient autrement mourir avec eux[1]. »

La voix de Dieu pressait de plus en plus la glorification ici-bas de l'humble bergère, en multipliant les prodiges à son tombeau, et accroissant ainsi la dévotion et le concours des peuples. Le pèlerinage de Pibrac était devenu célèbre. Le pieux biographe de la sainte a publié cette longue suite de merveilles qui ont été opérées dans ce siècle par son intercession. « Nous ne pouvons en omettre une seule, dit-il, car on n'enlève pas à une reine les diamants de sa couronne ou les parures de son royal manteau... Quand on aura parcouru ce recueil, ne se croira-t-on pas transporté à ces temps apostoliques où l'ombre même de saint Pierre opérait des prodiges, où les linges qui avaient touché le corps de saint Paul guérissaient toutes les infirmités humaines? Quel siècle pour Germaine que celui où elle vit arriver à son tombeau, de l'orient et de l'occident, tous ces infirmes qui venaient avec une humble confiance solliciter sa protection, et qui ne quittaient jamais ses cendres sans recevoir dans leur guérison le gage de sa puissance auprès de Dieu[2]?... »

[1] Louis Veuillot : *Vie et Vertus de la B. Germaine Cousin.*

[2] L'abbé Salvan. — Le recueil des miracles (de 1802 à 1844), rapportés par ce biographe, à la fin de son livre, en contient plus de cent. Ce nombre s'est tellement accru encore depuis, qu'il devient comme impossible désormais de les publier tous.

En 1843, sous le pontificat de Grégoire XVI, on vit enfin commencer le procès de la béatification de l'humble bergère de Pibrac. Ce grand pape, après avoir étudié cette cause, la connaissait et la trouvait admirable. Il témoignait un vif désir de voir l'illustre archevêque de Toulouse, Mgr d'Astros, et il disait à ce sujet avec un aimable abandon : « Qu'il vienne, nous ferons ensemble la béatification de cette sainte bergère. »

Grégoire XVI ne devait pas avoir la consolation de placer sur les autels cette humble fille ; mais avant de mourir il ouvrit en sa faveur cette longue série d'actes solennels qui émanent du Siége apostolique pour la béatification des saints. Le 23 mai 1845, il signa aussi le décret qui approuvait les travaux de la Commission apostolique. Ce fut par cet acte de sa suprême autorité que Grégoire XVI termina sa glorieuse carrière. Il mourut deux jours après. Il était réservé au souverain pontife Pie IX de terminer l'œuvre sainte heureusement commencée par son prédécesseur.

Le premier acte émané de l'autorité de Pie IX, depuis son retour dans sa capitale (11 avril 1850), après l'exil de Gaëte, fut le décret solennel par lequel il approuva les vertus héroïques de la vénérable Germaine (20 mai).

C'est à M. l'abbé Estrade, mort en 1863 camérier de Sa Sainteté le Pape Pie IX, après avoir été le courageux compagnon de son exil, que l'église de Toulouse est redevable de la promptitude avec laquelle cette cause a été conduite. Depuis le moment où il fut nommé postulateur délégué, ce digne prêtre ne cessa de prodiguer son temps, son zèle, sa patience, ses fatigues, pour arriver à l'heureux résultat si désiré. Il est juste de lui associer M. l'abbé Barthier, postulateur de la cause, nommé par la communauté de Pibrac (le 7 mai 1843). MM. Barthier et Estrade, deux prêtres qui ont acquis des droits égaux à la reconnaissance de l'église de Toulouse, à laquelle ils appartiennent! Deux noms désormais inséparables dans cette cause, l'un pour l'avoir commencée, l'autre pour l'avoir dirigée vers une fin aussi heureuse[1]! »

On ne saurait énumérer tous les miracles que les informations juridiques firent connaître. Des maladies de toutes sortes, des infirmités incurables avaient été guéries en un instant par l'intercession de la sainte bergère. On constata d'autres prodiges de divers genres, tels que la multiplication miraculeuse des provisions, le rétablissement de membres perdus, etc. Le plus souvent ces prodiges s'étaient accomplis instantanément, à la seule invocation du nom de Germaine, ou bien au seul contact de ses reliques. Le récit de ces merveilles formerait un gros volume. Nous devons nous borner à rappeler sommairement les quatre principaux miracles certifiés par les dépositions des témoins oculaires, discutés dans la sacrée congrégation des rites, avec la plus rigoureuse exactitude, et approuvés enfin pour la béatification de Germaine Cousin.

Le premier miracle a pour objet la multiplication du pain dans la communauté de Notre-Dame de Charité du Bon-Pasteur à Bourges. C'était au mois de novembre 1845. La maison, renfermant cent seize personnes, se

[1] L'abbé Salvan.

trouvait alors dans une grande détresse. La supérieure, sœur Marie du Sacré-Cœur-de-Jésus, ayant entendu raconter les nombreux prodiges que Dieu opérait par l'intercession de la vénérable Germaine de Pibrac, se sentit inspirée de mettre en elle toute sa confiance, et de la prier de subvenir miraculeusement à la nécessité pressante de la maison. Dans cette intention, elle ordonna une neuvaine de prières, fit lire dans les classes la Vie de Germaine, suspendit des médailles aux arbres du jardin, dans le grenier à farine, et en distribua à ses sœurs. Les prières, commencées le 1er novembre, furent continuées jusqu'au 15; alors la supérieure crut le moment venu de mettre à l'épreuve la puissante intercession de la sainte, et de réclamer d'elle le miracle de la multiplication du pain, ardemment désiré.

Dieu voulut cependant différer le prodige, pour éprouver encore la foi de toute la communauté. Après quatre fournées successives de pain, aucun miracle ne s'était produit, tout paraissait désespéré. C'est alors qu'on vit éclater la puissance d'intercession de la sainte bergère. Le premier jour de décembre, sur l'ordre de la supérieure, les deux sœurs chargées de faire le pain se mirent à l'œuvre comme à l'ordinaire, employant huit corbeilles de farine au lieu de douze. Leurs yeux émerveillés furent témoins d'une prodigieuse multiplication de la pâte et du pain. Ecoutons le récit plein de candeur de la sœur Marie de Saint-Janvier, l'une des panetières :

« .... J'étais ce jour-là de mauvaise humeur, ennuyée d'être obligée de faire le pain avec huit corbeilles seulement de farine, tandis qu'on avait pu voir par l'expérience du passé que rien n'avait réussi. Après avoir fait la pâte, je m'aperçus que la quantité était en proportion de la farine employée, et je dis à la sœur qui faisait le pain avec moi de mettre beaucoup de pâte dans les corbeilles ; c'était mon intention d'avoir par là un plus petit nombre de pains et de faire reconnaître à la supérieure l'inutilité de ses efforts. J'ajoutai, en plaisantant, que la vénérable Germaine n'ayant pas donné la farine, il fallait lui demander de la pâte toute faite. Cependant, à mesure que ma compagne remplissait les corbeilles, je m'aperçus que la pâte du pétrin ne diminuait point en proportion et qu'il y en avait même suffisamment pour les remplir toutes. Bien plus, il en resta assez pour en ajouter un peu à chaque pain, et deux ou trois livres de plus que nous laissâmes dans le pétrin. Je fus toute surprise et demeurai abasourdie, surtout par la confusion que j'avais d'avoir montré si peu de confiance, et d'avoir parlé comme j'avais fait à la mère supérieure et à notre sœur. De cette fournée, on eut vingt pains, plus gros même encore que ceux d'autrefois, obtenus par douze corbeilles de farine, en sorte qu'il ne me fut plus possible d'en faire entrer dans le four que dix-neuf, et le vingtième fut remis dans le pétrin avec le levain de la fournée suivante.

» Le même jour, dans la seconde fournée, nous employâmes huit corbeilles de farine, et après en avoir obtenu une quantité suffisante de pâte pour remplir le four, il en resta encore dans le pétrin quatre autres corbeilles de farine que nous rangeâmes à part. Dans la première fournée, nous ne nous étions aperçues de la multiplication de la pâte qu'au moment où elle fut placée dans les corbeilles ; dans la seconde, nous nous en aperçûmes au moment même où nous faisions la pâte. Dès le matin, la mère supérieure vint au four, et quand ma compagne lui eut raconté que le miracle s'était accompli, je me retirai toute honteuse. A la seconde fournée, je parlai du miracle avec la sœur qui travaillait avec moi, quand vint à passer la sœur économe. Aussitôt je lui racontai le miracle, et elle entra au moment où la pâte était dans les corbeilles et la farine de reste dans la coffrée. J'étais toute confuse de mon peu de confiance et de mes murmures; ma honte fut telle que, n'osant reparaître devant la communauté, je cherchai à me cacher.... Le lendemain, j'allai moi-même chez la supérieure, pour lui demander pardon de ma désobéissance et de toutes mes paroles, lui promettant bien dorénavant de lui obéir en tous points [1]. »

La prodigieuse multiplication une fois divulguée, la plupart des religieuses et des élèves accoururent au four pour voir de leurs propres yeux cette étrange merveille. La supérieure prescrivit des prières pour rendre des actions de grâces à Dieu et à la vénérable Germaine, qui dans ce jour avait bien voulu subvenir aux besoins de la communauté par cinq cent soixante-dix-sept livres d'un pain miraculeux. Ajoutons que, cinq jours après, eut lieu dans la même maison et de la même manière, une autre multiplication de la pâte, quoique avec moins d'abondance. Enfin Dieu confirma par un nouveau miracle du même genre ceux dont on cherchait en ce moment les preuves. Le 11 septembre 1847, dans le moment même où la commission

[1] Extrait des pièces mêmes de la procédure.

d'enquête réunie dans la chapelle du *Bon-Pasteur*, à Bourges, interrogeait les témoins des faits miraculeux rapportés ci-dessus, le pain se multiplia encore dans le four de la maison, par l'intercession de la bienheureuse Germaine.

Le second miracle, approuvé pour la cause de la béatification, eut lieu dans le même monastère du *Bon-Pasteur*. La multiplication de la farine succéda peu après à celle du pain. La bonté divine voulut que la communauté fut nourrie miraculeusement pendant un mois. En glorifiant ainsi l'humble bergère, elle se plut encore à la rendre la providence d'une pieuse maison en détresse.

Le troisième miracle est la guérison parfaite et instantanée de Jacqueline Catala, petite fille de sept ans, rachitique depuis l'âge de dix-huit mois. Le mal étant regardé désormais comme incurable, sa pauvre mère se tourna avec une grande confiance vers les secours du ciel; et, se vouant à la bienheureuse Germaine, elle lui promit de faire trois pèlerinages à Pibrac, les deux premiers seule, et le dernier avec sa fille infirme. Elle fit en effet les deux premiers, et plus tard le troisième, lorsque son enfant était dans la septième année de son âge.

Ce fut l'an 1828 qu'elle vint à Pibrac, trois fois pèlerine. Voici la touchante relation déposée, sous la foi du serment, de l'événement merveilleux qui couronna la confiance de cette pieuse mère :

« Je partis à pied avec une de mes amies qui travaillait avec moi. Devant nous marchait une bête de somme, ayant deux paniers aux côtés, dans l'un desquels j'avais placé ma petite Jacqueline, et dans l'autre mon autre fille : entre toutes les deux se tenait mon fils, âgé de dix ans. Rien d'extraordinaire ne nous survint dans le voyage, jusqu'au village de Pibrac. Nous entrâmes dans l'église : c'était un dimanche, et M. le curé prêchait. Me plaçant en face de la chaire avec mes enfants, je fis asseoir ma fille Jacqueline entre son frère et moi, et nous la soutenions tous deux. Ensuite nous entendîmes la sainte messe. A peine sonna la petite cloche donnant le signal du *Sanctus*, que Jacqueline poussa un cri, et au même instant j'entendis un craquement, que je crus avoir été produit dans les articulations de son petit corps. J'étais dans un état difficile à décrire : tout à coup la pensée me vint que ma fille était guérie. Cependant je n'interrompis point mes prières. Mais au moment d'aller à la sainte table pour faire la communion, je recommandai à mon fils de surveiller sa sœur, ayant trop de répugnance de l'attacher à sa chaise par rapport aux assistants. A peine je fus agenouillée à la balustrade, voilà que Jacqueline, s'échappa tout à coup des mains de son frère, et vint se mettre à genoux à côté de moi, sans que personne la soutint. Je ne puis exprimer l'émotion dont je fus alors saisie, surtout quand je vis la pauvre enfant prendre comme moi la nappe de communion. Je fis signe de la main à M. le curé que cette enfant n'était pas pour communier : quand je retournai à ma place, ma fille me suivit, s'assit d'elle-même, et resta assise sans avoir besoin d'être soutenue par personne. Je m'aperçus de tout cela après la communion, et je remarquai que ses pieds avaient repris leur situation naturelle. Jacqueline, en ce moment, paraissait toute radieuse d'allégresse, et quand elle vit que le prêtre, la messe finie, allait donner la bénédiction, voyant tout le monde s'agenouiller, elle se leva soudain sans aucun appui, prit la chaise sur laquelle elle était assise, la retourna adroitement et se mit à genoux.

» Après avoir accompli mon vœu, je repartis aussitôt pour Toulouse. Nous avions le cœur si plein de joie et de reconnaissance pour cette guérison si subite, que ni mes enfants, ni ma compagne, ni moi, ne songeâmes à prendre aucune nourriture. Nous arrivâmes à Toulouse vers les trois heures de l'après-midi, et, comme nous approchions de notre habitation, Jacqueline voyant son père, s'écria : « Je » suis guérie ! Prenez-moi dans vos bras, mettez-moi par » terre, et vous verrez comme je marche et comme la véné- » rable Germaine m'a guérie ? » Et en effet, le père prit tout à coup la petite, la mit à terre, et, sous ses yeux et à la vue de tous les habitants de notre quartier qui est très-populeux, elle se mit à marcher, leste et agile, sans difficulté et sans fatigue. Depuis lors, elle a continué à être en parfaite santé. »

Telle est la relation de Louise Morens, l'heureuse mère de Jacqueline Catala. Est-il besoin d'en dire davantage pour faire connaître la grandeur du prodige [1] ?

Le quatrième miracle est une autre guérison également instantanée et parfaite. Philippe Luc, jeune homme de quatorze ans, du village de Cornebarrieu, était atteint à

[1] Jacqueline a joui d'une santé parfaite jusqu'aux informations des pièces, c'est-à-dire pendant dix-neuf ans. « Dans ce miracle, dit justement M. l'abbé Salvan, tout est de la dernière évidence, et l'événement se déroule avec une facilité merveilleuse.

la hanche, d'une fistule carieuse et très-profonde qui avait résisté à tous les remèdes employés par les médecins. Il ne restait plus qu'à essayer de la guérir avec le fer ou le feu : le médecin en chef de l'Hôtel-Dieu de Toulouse avait déclaré qu'on ne pouvait enlever ce mal par les moyens ordinaires de l'art.

N'espérant plus rien des secours humains, le jeune infirme résolut de se vouer à la bienheureuse Germaine. Il se rendit donc à pied à Pibrac avec sa mère : il la priait souvent de ralentir la marche, parce qu'il ne pouvait la suivre. Arrivé à Pibrac, il entendit la messe et pria devant le tombeau de Germaine. M. le curé fit toucher au tombeau des linges destinés à être appliqués sur la plaie du malade. N'ayant rien obtenu, le jeune homme retourna à Cornebarrieu avec sa mère, ne cessant, durant la route, de ranimer sa confiance en la protection de la servante de Dieu, et dans l'espoir d'obtenir plus tard ce qui n'était pas encore accordé pour le moment. Rentré à la maison accablé de fatigue, le jeune Philippe se coucha vers le soir ; la mère, après avoir pansé la plaie de son fils, la banda soigneusement avec les linges qu'on avait posés sur le corps de la bienheureuse. Le malade s'endormit aussitôt d'un paisible sommeil. Se réveillant quelque temps après, il appela sa mère, la priant de venir le panser de nouveau. Mais à peine eut-elle enlevé l'appareil, qu'à sa grande surprise elle trouva les linges tout à fait secs ; la plaie était entièrement fermée, et la fistule avait disparu. L'enfant et la mère, dans le ravissement d'un tel prodige, versèrent des larmes de joie.

Les médecins demeurèrent stupéfaits en apprenant cette guérison merveilleuse. L'un d'eux, M. Laurent Estevenet, s'est exprimé ainsi : « Quelle ne fut pas ma surprise, lorsqu'on me présenta ce jeune homme parfaitement guéri ! J'examinai l'endroit où était la plaie; une cicatrice bien fermée indiquait que le mal avait existé, mais n'existait plus du tout. Il n'y avait aucune difformité dans l'os, aucune disposition qui pût faire craindre le retour du mal. Je dois noter d'autre part, comme étant un caractère certain d'une guérison miraculeuse, la mobilité de la peau et la résolution du tissu fibreux qui forme la cicatrice intérieure de la cavité fistuleuse. »

Tels sont les quatre miracles approuvés par décret du Saint-Siége, pour la cause de la béatification de Germaine Cousin, après avoir été examinés avec tout le soin que l'Eglise apporte à toutes les causes du même genre. Qui oserait révoquer en doute de tels prodiges, admis seulement lorsqu'ils ont été, comme on l'a dit, vérifiés à la lumière de la physique, de la physiologie, de la science comparée, et surtout à la lumière de l'attention d'une logique qui dépasse de beaucoup, en sévérité, ce que peut soupçonner l'esprit inattentif du plus grand nombre des lettrés[1] !

[1] Le R. P. Gratry : *les Sophistes et la Critique*.

CHAPITRE V

Actes de la béatification de Germaine Cousin.

L'Eglise, dans sa marche toujours sage et prudente, était enfin arrivée à l'issue d'une cause chère à un grand nombre de cœurs. La cause avait passé par ses diverses phases. Le *procès de l'ordinaire*, fait par l'autorité de l'évêque diocésain, avait examiné et résolu les trois questions : 1° la réputation de sainteté ; 2° la réputation des miracles ; 3° le non-culte. Ensuite le *procès apostolique* fait par l'autorité du Pape avait constaté l'héroïcité des vertus de la jeune bergère et la certitude des miracles opérés par son intercession. Un premier décret du souverain Pontife, approuvant le *procès de l'ordinaire*, avait donné à Germaine le titre de *vénérable ;* un second, approuvant le *procès apostolique*, avait transporté l'affaire tout entière à la sacrée congrégation des rites, et cette congrégation, composée de vingt cardinaux, six prélats assesseurs et trente consulteurs, avait, suivant l'usage, discuté en particulier les *vertus* et les *miracles* dans trois assemblées successives. S. S. Pie IX, par un décret solennel, avait déclaré l'héroïcité des vertus et l'authenticité des miracles proposés par le postulateur. Enfin, le 31 mai 1853, on avait tenu la dernière assemblée appelée du *tuto*, dans laquelle le Pape consulte tous les membres de la congrégation des rites, pour savoir si l'on peut procéder en sûreté à la béatification. Après toutes ces formalités, le 24 juin suivant, le décret de béatification de Germaine de Pibrac avait été publié dans la sacristie de l'archibasilique de Saint-Jean de Latran. Ainsi s'était terminé ce procès, après avoir duré dix années seulement.

Il ne restait plus qu'à proclamer solennellement, à la face du monde, l'acte auguste du Saint-Siége qui permettait de désigner désormais la servante de Dieu sous le titre de *Bienheureuse Germaine*, d'exposer publiquement ses reliques, et de célébrer la messe en son honneur le jour de sa fête. Le 7 mai 1854, Rome fut témoin de cette proclamation solennelle.

La basilique vaticane avait été splendidement décorée. En dehors de la basilique, au-dessous du balcon de la bénédiction *Urbi et Orbi*, un immense étendard représentait la bienheureuse Germaine quittant la terre et s'envolant vers la céleste patrie sur un trône de nuages et en compagnie des anges. Dans un coin du tableau on apercevait le petit village de Pibrac, où fut son berceau et où se trouve sa tombe vénérée; puis les champs où elle passa sa vie solitaire à la suite d'un troupeau, et une petite croix de bois, témoin de ses prières et de ses longues oraisons. Dans le portique de la basilique, au-dessus de la grande porte de bronze, on avait peint le *miracle des fleurs*.

A l'intérieur du magnifique temple, on admirait la décoration de la tribune, cette partie de l'église comprise entre les piliers de la coupole et le fond de l'abside, et qui forme le haut de la croix. Là devait être célébrée avec la plus grande pompe la béatification de l'humble bergère. Cette décoration s'ouvrait par deux immenses écussons aux armes de Pie IX. Deux immenses retables formaient les deux arcades et mettaient la tribune en communication avec les bas-côtés de la basilique. Dans les demi-cercles du sommet des arcades, de grandes toiles représentaient les quatre miracles approuvés par la sacrée congrégation des rites pour la béatification. Tout le reste de la vaste enceinte de la tribune était décorée dans le style de la basilique avec un goût parfait et couvert de lustres de cristal, de candelabres d'or chargés de bougies. La chaire de saint Pierre était changée en une chapelle ardente au centre de laquelle, dans la gloire de l'Esprit saint, était placé le tableau représentant l'apothéose de la bienheureuse. Deux cents lustres environ formaient une couronne étincelante dont les étoiles remplissaient le fond de la basilique et montaient jusqu'à la voûte, où apparaissait une croix radieuse. Sous ce ciel brillant de mille feux, avaient pris place les cardinaux, les consulteurs de la sacrée congrégation des rites, les chanoines et les bénéficiers de Saint-Pierre. On y voyait l'ambassadeur de France, le général commandant la division française et les officiers de l'armée. Les autres places des tribunes et banquettes étaient occupées par un grand nombre de Français ou d'étrangers. Le prévôt du chapitre métropolitain de Toulouse, délégué de Mgr l'archevêque, et deux chanoines de Toulouse occupaient les places d'honneur.

La cérémonie commença par le discours de M. l'abbé Estrade, postulateur, au cardinal Patrizzi faisant les fonctions de préfet de la sacrée congrégation des rites. Le digne prêtre s'exprima en ces termes :

« Eminentissime seigneur,

» L'heure est enfin venue où va être glorifiée au sein de l'Eglise une humble bergère, la vierge de Pibrac, l'honneur du peuple français, le lis de nos vallées, la joie et la couronne du célèbre et antique diocèse de Toulouse.

» Celui qui élève de la terre l'indigent et le pauvre de la condition la plus obscure a offert au XVIe siécle, à l'orgueil des hérétiques qui secouent le joug de l'Eglise, l'humilité d'une chétive petite fille, Germaine Cousin, qu'il avait résolu de placer au rang des princes de son peuple; et afin que dans cette vierge éclatât l'œuvre de la droite du Très-Haut, il s'est montré admirable dans l'innocence, la simplicité, la patience de cette enfant; admirable encore dans cette longue suite de prodiges qui ont glorifié Germaine pendant sa vie et après sa mort; admirable enfin dans la cause d'une béatification que jamais personne n'aurait pu pressentir devoir être aussitôt terminée avec la maturité qu'elle demande et le temps qu'elle exige.

» Votre Révérence Eminentissime et toute la sacrée congrégation des rites ont secondé dans cette œuvre la volonté divine avec un zèle infatigable qui a excité dans l'esprit et le cœur de l'illustre archevêque de Toulouse, des habitants de cette cité, de la France entière, des sentiments d'une profonde et vive gratitude. Et moi qui, dans cette affaire, ai tant de fois éprouvé la bienveillance et la faveur de cette auguste assemblée, je me réjouis d'être auprès d'elle l'interprète de tous ces sentiments.

» La cause ayant été conduite à sa fin par l'approbation des vertus et des miracles par les lettres en forme de bref accordées par N. S. P. le Pape Pie IX, il ne reste donc plus maintenant qu'à accorder à Germaine les honneurs du culte public. Ces honneurs, je les sollicite et les demande à Votre Eminence avec toute la déférence possible, en la priant de faire publier ces lettres apostoliques. »

Après la réponse favorable du cardinal Patrizzi, l'un des membres de la sacrée congrégation des rites monta dans une chaire élevée spécialement pour la circonstance, du côté de l'épître, et donna lecture à haute voix du bref de béatification[1].

On entonna ensuite le *Te Deum*; l'image de la Bienheureuse placée dans la gloire fut découverte; tout le monde se prosterna à genoux; les trompettes se firent entendre, les cloches de la basilique retentirent, et le canon du château Saint-Ange annonça à Rome qu'une pauvre bergère venait d'être solennellement béatifiée. Quel moment solennel! Que de douces larmes coulèrent alors des yeux des pieux fidèles! que de prières montèrent vers la nouvelle protectrice donnée par notre mère l'Eglise à ses enfants! On priait pour la France,

[1] Voir la teneur de ce bref, ci-après, à la fin du volume.

on priait pour l'Eglise; on invoquait pour tous ceux qu'on aime la puissance de l'humble bergère de Pibrac, devenue l'une des puissances du paradis.

Après le *Te Deum*, l'Evêque officiant encensa la relique de la Bienheureuse exposée sur l'autel de la chaire de saint Pierre, au-dessous de l'apothéose, et récita l'oraison approuvée par la sacrée congrégation des rites pour invoquer la nouvelle Bienheureuse. Une messe en musique fut immédiatement chantée, et Monseigneur le vicaire du chapitre de Saint-Pièrre célébra les saints mystères.

Vers le soir, selon l'antique usage régulièrement suivi dans les cérémonies de béatification, S. S. Pie IX, accompagnée de tout le sacré collége et de toute la prélature, se rendit du palais du Vatican à la basilique de Saint-Pierre pour vénérer la Bienheureuse. L'église était, comme le matin, remplie d'une foule immense. Le Pape, après avoir adoré le saint Sacrement, se rendit dans l'enceinte de la tribune et vénéra longtemps avec la plus grande ferveur celle qu'il venait de glorifier devant le monde entier... Quel étrange spectacle!... Le successeur du prince des apôtres, le vicaire de Jésus-Christ, celui qui gouverne *la ville et le monde* et devant qui les rois eux-mêmes tombent à genoux, le voilà donc humblement prosterné devant l'image et la relique d'une pauvre jeune fille dont la houlette n'a jamais gouverné que quelques pauvres brebis! Voyez encore: la grande nation française, représentée par son ambassadeur, son général, les délégués du pontife du pays qui vit naître l'humble bergère, est fière de célébrer sa gloire; les princes, les grands, les illustrations de la science et des arts se disputent l'honneur d'être admis à contempler son triomphe... Et ce triomphe n'aura pas l'éclat d'un jour seulement. Il va grandir encore et se perpétuer à jamais. O mon Dieu! quel spectacle sublime présente à nos regards votre Eglise pour faire estimer la sainteté! A quel degré d'élévation et de gloire votre main libérale place même ici-bas la plus petite et la plus oubliée de vos servantes!

CHAPITRE VI

Fêtes de la béatification de Germaine à Toulouse et à Pibrac.

Transportons-nous maintenant des bords du Tibre sur les rives de la Garonne, près du pays natal de notre chère sainte. Il était temps que l'Eglise de France, que le diocèse de Toulouse, inaugurât son culte parmi nous. Les 12, 13, 14 juin 1854 furent de belles journées pour la ville de Saturnin et d'Exupère. Un *triduo* solennel célébré dans l'église métropolitaine en l'honneur de la bienheureuse bergère a laissé dans les cœurs des Toulousains d'impérissables souvenirs. Nous ne décrirons point ces fêtes, que d'autres, plus merveilleuses encore, célébrées treize années plus tard, n'ont point fait oublier. Rappelons seulement quelques lignes d'un historien témoin oculaire.

« .... La manifestation religieuse qui a éclaté dans la ville de Toulouse pendant le *triduo* solennel échappe en quelque sorte à toute description. Il faut avoir été témoin de ces merveilles pour les croire; sans cela il est presque impossible de s'en former une idée exacte. Tous les soirs, mais le dernier surtout, Toulouse était tout entière enveloppée d'une atmosphère lumineuse. Une illumination spontanée, générale, splendide de tous les édifices publics et de presque toutes les maisons particulières est venue attester la foi de cette cité si éminemment catholique. La lumière jaillissait par torrents des façades de ses églises et de ses couvents, de son capitole et de ses palais, de ses colléges et de ses académies, de l'échoppe de l'ouvrier et de l'hôtel du grand seigneur, de ses hôpitaux et de ses prisons, de ses ateliers et de ses manufactures : depuis les colonnes de la barrière de Paris jusqu'aux côteaux de Pech-David, depuis le plateau des Ardennes jusqu'au faubourg Guilheméry, toutes les rues, toutes les places publiques étaient inondées de flots de lumière; partout des emblèmes, des images de la Bienheureuse, des guirlandes de fleurs, des fleurs encore sur le pavé comme aux jours des grandes solennités chrétiennes.

» Toulouse a vu pendant trois jours ses cent mille habitants parcourir sa vaste enceinte au milieu des feux de joie qui pétillaient sur toutes les places; la foule circulait paisible et calme, et partout on n'entendait que ces mots : *Que de merveilles! quel ravissant spectacle!*

» C'est ainsi que cette antique cité, qui fut deux fois capitale d'un grand royaume, a donné sa fête à l'humble bergère. Il y avait dans cette éclatante manifestation l'expression de deux sentiments, celui d'abord d'une religieuse piété envers une Bienheureuse, celui ensuite d'une vive sympathie pour une pauvre bergère. Dans l'expression de ce double sentiment, on voyait dominer une attention délicate à effacer l'obscurité de la vie d'une simple fille par les splendeurs d'une brillante apothéose... Opposition visiblement étudiée, contraste séduisant préparé par la foi et la reconnaissance[1]! »

Les journées des 25, 26 et 27 juillet 1854 furent à leur tour pour le village de Pibrac, des jours de fêtes touchantes dont le souvenir ne s'effacera jamais dans le cœur de ses habitants.

Ce n'était plus le temps où ces bons villageois, invités par le délégué de l'archevêque de Toulouse, à nommer le postulateur de la cause de leur compatriote, déclaraient presque unanimement qu'ils ne donneraient point ce mandat. Les habitants de Pibrac s'étaient faussement laissé persuader qu'après la béatification on viendrait enlever le corps de leur bienfaitrice et qu'ils seraient ainsi privés de son secours. Quand donc les membres de la commission épiscopale se rendirent à Pibrac, les habitants, croyant que c'était pour leur ravir ce pieux trésor, se mirent en devoir de le défendre. Ils se réunirent sur les portes de l'église et du cimetière, bien résolus à ne pas laisser enlever le saint dépôt. Les commissaires, accueillis par des menaces et même des pierres, ne purent pénétrer dans l'église qu'après beaucoup de difficultés. « Point de béatification, criaient ces bonnes gens ; Germaine nous guérit quand nous sommes malades, cela nous suffit. Nous voulons la garder... »

Aujourd'hui ces bons villageois partagent la joie gé-

[1] L'abbé Salvan : *Hist. de la B. Germaine de Pibrac.*

nérale à la vue des honneurs décernés à leur chère bergère, et ils portent en triomphe dans les rues de Pibrac ses précieuses reliques, leur bien-aimé trésor.

Le 25 juillet, vers neuf heures du matin, la grande procession sortit de l'église, parcourut tout le village, à travers une immense population qui se pressait avec un enthousiasme indescriptible sur le passage du cortége et de la châsse de la Bienheureuse. Sous la bannière et la croix de la paroisse, marchaient deux cent jeunes filles vêtues de blanc et portant dans leurs mains une branche de lis, symbole de l'innocence de la bergère. A la suite venaient les hommes, les religieux trappistes de Notre-Dame-du-Désert, les religieux de l'ordre de Saint-Dominique du couvent de Saint-Romain de Toulouse, parmi lesquels on distinguait le R. P. Lacordaire, le provincial et plusieurs pères de la compagnie de Jésus ; les prêtres du Sacré-Cœur, missionnaires du diocèse ; le clergé séculier, au nombre de plus de deux cents prêtres, le chapitre métropolitain, MM. les vicaires généraux et NN. SS. les évêques de Poitiers et de Limoges et l'archevêque de Toulouse.

La châsse de la Bienheureuse était portée par les chanoines de l'église métropolitaine et par MM. les curés.

Le corps de la Bienheureuse, placé dans cette châsse, était revêtu d'une riche étoffe en moire d'argent, et reposait sur un large coussin de brocard d'argent entouré de dentelles. Sur la tête on voyait une couronne d'épis de seigle semblable à celle qui fut trouvée sur la Bienheureuse à l'époque de la première invention du corps.

Un voile d'étoffe d'argent recouvrait le front. Un magnifique chapelet de nacre monté en or était placé sur cette précieuse dépouille.

Dès que le corps de la Bienheureuse parut pour la première fois devant cette population innombrable, un cri général se fit entendre, expression fidèle du sentiment religieux qui l'animait tout entière. « Nous avons été témoin, et tout le monde avec nous, ajoute le pieux biographe de la sainte, de ce que peut produire d'élan, d'entraînement et d'enthousiasme le sentiment de la piété chrétienne quand il est porté au plus haut point de l'exaltation. Jamais roi, conquérant ou prince de la terre n'a joui d'un aussi magnifique triomphe ! Ce n'était pas de la joie, du bonheur, de l'admiration ; c'était de l'ivresse, des transports qui tenaient d'un religieux délire : *La voilà, la voilà*, s'écriait-on de toutes parts, *cette humble bergère !* Et les uns se prosternaient à genoux, et les autres tendaient vers la châsse des mains suppliantes ; à chaque instant, le cortége était arrêté dans sa marche par le peuple qui se précipitait sur les pas des prêtres qui portaient les saintes reliques. L'air retentissait des chants religieux de l'Eglise et des acclamations de la multitude. Le clergé répétait ce verset : *Beata Germanu, ora pro nobis.* Les jeunes gens de Pibrac et des lieux environnants groupés derrière la châsse, chantaient un cantique en l'honneur de la Bienheureuse. Ce mélange de voix, de chants et d'accents divers, cet enthousiasme traduit en tant de manières différentes, impressionnait, exaltait au-delà de tout ce qu'on peut imaginer et dire. Qu'on ajoute à cela les supplications, les prières, les vœux adressés à la Bienheureuse sur son passage : « Vous n'êtes plus malheureuse maintenant ! vous n'avez plus auprès de vous cette marâtre qui vous a fait tant souffrir ! O Bienheureuse, priez pour nous ! » Et l'on aura alors une idée, quoique faible encore des indicibles transports qui agitaient cette multitude [1]. »

Une grand'messe chantée pontificalement par Mgr l'archevêque de Toulouse, sur la belle terrasse du château, et d'éloquentes paroles de Mgr de Poitiers glorifiant les vertus de l'humble bergère, suivirent la translation solennelle des reliques de la Bienheureuse. La fête se continua les deux jours suivants avec le même concours. Quoi de plus touchant que ces offices divins célébrés par d'illustres pontifes, au milieu d'un peuple immense, sous une tente dressée dans la cour d'un vieux manoir seigneurial, et ces panégyriques d'une pauvre bergère, prêchés à l'ombre d'antiques arbres, dans un temple rustique [2] ! Avec quelle raison l'un des pieux orateurs s'est-il écrié, à la pensée de la future illustration du petit village qui vit naître Germaine : « Quelle splendeur environne déja le nom de Pibrac ! Tu ne seras plus une des dernières bourgades seigneuriales : *Nequaquàm minima es in parvulis Juda.* Tu as donné le nom et la sainteté d'une bergère à Rome ; Rome, en échange, t'a fait illustre [3] !...

[1] L'abbé Salvan.

[2] Mgr de Poitiers et Mgr d'Albi officièrent le deuxième et le troisième jour. Les trois panégyriques furent prêchés par M. l'abbé Salvan, le R. P. Corai et le R. P. Sourieu.

[3] Le R. P. Corail, jésuite.

Pour satisfaire à la dévotion du clergé et du peuple, le troisième jour, la châsse fut portée de l'église dans la cour du château, puis enfin transportée à travers le village, encore, au milieu du même enthousiasme et des mêmes acclamations, du château à la chapelle qui lui était destinée. Ce troisième jour, à cause de la foule innombrable accourue de toutes parts, la bénédiction fut donnée du haut de la plate-forme où l'église est située.

Au milieu de ce concours immense de pèlerins et visiteurs accourus à Pibrac pendant le triduo solennel, au nombre d'environ soixante-quinze mille, on n'eut pas à déplorer le plus léger accident : l'ordre le plus parfait ne cessa de régner ; il était facile de voir qu'un seul sentiment avait conduit tous ces nombreux visiteurs au tombeau de la bergère, celui d'une piété vive, respectueuse et reconnaissante [1].

Chaque soir, l'église du village et son clocher, le presbytère et toutes les maisons étaient resplendissantes de lumières. Il était touchant encore de voir la foule se porter avec empressement à la ferme qu'avait habitée autrefois l'humble bergère, et chacun satisfaire sa dévotion en emportant quelques restes des objets qui, de près ou de loin, avaient quelque rapport à la Bienheureuse. Celui-ci em-

[1] Un seul fait donnera une idée du caractère éminemment pieux de cette fête. Huit mille hosties avaient été consacrées d'avance, dans la prévoyance des nombreuses communions du premier jour. Mais le nombre des conviés surpassa celui des heureux convives du céleste banquet. « Nous avons vu nous-même, dès huit heures du matin, écrit un digne prêtre, de pieuses femmes s'éloigner de l'autel, tristes et résignées, sans avoir pu apaiser leur faim spirituelle. » (Lettre de M. l'abbé Mothe, du 26 juillet 1854, à l'*Univers*.)

portait des fragments de terre ou de la poussière du chemin conduisant à la ferme, cet autre des herbes et des fleurs de la prairie où la bergère gardait ses moutons, ou bien des cailloux du ruisseau du Courbet qu'elle avait tant de fois traversé...

Du haut du ciel, la sainte bergère souriait à ces marques naïves d'une piété reconnaissante, et sa prière puissante appelait les divines bénédictions sur ce petit coin de terre où le parfum de ses vertus faisait éclore tant de merveilles.

CHAPITRE VII

Extension du culte de la bienheureuse Germaine.

Les splendides solennités de Toulouse et de Pibrac furent comme le signal de l'extension du culte de la bergère en divers pays. D'après les règles admises par la sacrée congrégation des rites, le culte des Bienheureux doit se borner au diocèse auquel ils appartiennent, et aux maisons de leur ordre, s'ils sont religieux. Cependant on élargit quelquefois ce cercle restreint; d'autres églises, sur leur demande, obtiennent le même privilége. Ainsi en arriva-t-il bientôt pour l'humble vierge de Pibrac.

Plusieurs demandes faites par des communautés religieuses de France furent favorablement accueillies. Un diocèse entier, celui de Limoges, obtint de pouvoir élever des autels à la sainte bergère, en même temps qu'il assurait à son antique et glorieuse église le culte apostolique de saint Martial. D'autres diocèses suivirent cet exemple, et s'empressèrent d'établir, dans certaines paroisses ou quelques chapelles particulières, le culte de Germaine. Tels furent, entre autres les diocèses de Bordeaux, de

Montauban, de Rouen et d'Orléans. Le 13 septembre 1857, la ville d'Orléans fut témoin d'une solennité dont elle garde encore un pieux souvenir. Une relique de la Bienheureuse bergère vint s'abriter en grande pompe sous les voûtes de l'antique église de Saint-Euverte. L'illustre évêque de cette cité présida la cérémonie et, dans une allocution des plus touchantes, exalta la valeur de ce précieux trésor. Aujourd'hui, la ville de Jeanne d'Arc est justement fière de son double patronage de la bergère de Donremy et de la bergère de Pibrac.

Ce n'est point seulement en France qu'on retrouve les souvenirs du culte de la sainte bergère. On lisait naguère ces lignes dans la *Semaine catholique de Toulouse* : « Un de nos amis, qui voyage en Italie, nous écrit qu'en admirant la cathédrale de Milan et cette forêt de huit mille statues en marbre blanc qui en font une des merveilles du monde, il a été agréablement surpris d'apercevoir la statue de notre Bienheureuse Germaine de Pibrac avec son tablier plein des fleurs miraculeuses. »

On doit le proclamer hautement partout où s'est établi le culte de l'humble bergère, il est devenu fécond en fruits de salut ; il a été la source d'œuvres saintes et de salutaires inspirations ; il a ranimé la piété dans bien des cœurs, et attiré des grâces merveilleuses tant pour l'âme que pour le corps. Des signes touchants de ces grâces sont appendus aux murs de plus d'une église ou chapelle. Rappelons ici un exemple mémorable où l'art et la foi se sont un jour rencontrés pour produire un chef-d'œuvre sous le pinceau inspiré d'un grand artiste.

Un des neveux de M. Ingres était dangereusement malade... Une tumeur dont il était affligé avait résisté près d'un an à tout l'art des plus habiles médecins de la capitale. L'état de ce malheureux enfant était désespéré. Un noble personnage de Pibrac suggéra alors à M. Ingres la pensée de recourir à l'intervention de la Bienheureuse Germaine. L'auteur du *Martyre de saint Symphorien* accueillit cette pensée et fit un vœu. Huit jours après, l'effroyable tumeur avait complètement disparu sans laisser aucune trace. L'illustre artiste se mit aussitôt en devoir d'accomplir son vœu, c'est-à-dire qu'il entreprit de peindre un magnifique tableau, comme *ex-voto* de sa reconnaissance envers la bienfaisante bergère.

Au mois d'avril 1857, la superbe peinture du grand artiste arrivait à Montauban, sa ville natale, pour être placée dans l'église paroissiale Saint-Etienne de Sapiac, à laquelle il en faisait hommage. C'est là, dans cette modeste église d'un faubourg de Montauban, que chacun peut aller contempler aujourd'hui cette œuvre du génie chrétien.

Ce tableau représente la sainte sous ses simples habits de bergère au milieu de son troupeau. Mais on peut dire que cette humble bergère est sortie divine du pinceau du grand peintre. Germaine nous apparaît au moment où elle quitte ce monde pour s'élancer dans le céleste séjour au milieu d'un nuage éclatant qui semble remonter derrière elle. On voit la couronne des Bienheureux légèrement tracée au-dessus de sa tête. A sa droite, dans le lointain, on distingue les tours du château de Pibrac, à sa gauche, on voit bouillonner, à travers les cailloux, le ruisseau du Courbet; sur l'autre rive est la croix de pierre devant laquelle Germaine pria tant de fois, et un peu plus loin, on découvre l'église où elle venait chaque jour prier son Maître bien-aimé. L'un de ses pieds semble effleurer à peine l'herbe de la prairie, l'autre ne touche déjà plus à la terre. Tout son être semble transfiguré, et respire cette confiance calme et sereine que donne au juste le souvenir du bien accompli en traversant cette vallée de larmes. Sous l'influence du ravissement divin, les mains de la jeune sainte abandonnent avec la plus naïve indifférence son blanc tablier dont les plis laissent tomber des fleurs, frais et gracieux symbole des vertus qu'elle pratiqua.

Les arts n'avaient pas attendu jusqu'à nos jours pour glorifier la bienheureuse bergère. On a retrouvé d'anciennes gravures qui, réunies sur un même tableau, offrent quatre principaux événements de sa vie. La première la représente à genoux au milieu d'un ruisseau, récitant l'*Angelus* au son de la cloche; on aperçoit quatre brebis auprès de la bergère. La seconde retrace le miracle des fleurs; on y voit sept personnages : trois mendiants, Laurent Cousin, la marâtre armée d'un bâton, une femme qui la tient d'une main et lui montre le ciel. La bergère Germaine est à genoux, les mains jointes; son tablier est ouvert, et les fleurs qu'il renfermait sont aux pieds de la pauvre fille. On découvre sur une éminence l'église de Pibrac, et dans le lointain quelques habitations éparses. La troisième gravure retrace l'invention du corps de Germaine. Le carillonneur représenté seul dans l'église, qui offre l'aspect d'une grande pauvreté, tient la pioche, dans l'attitude de la surprise; sur le sol, la poussière amoncelée, et on aperçoit à fleur de terre le corps d'une jeune fille, la tête découverte; ses mains sont jointes, et sur le milieu du corps est posée une couronne de fleurs. La quatrième gravure enfin représente l'apparition de la Bienheureuse à Mme de Beauregard. Cette dame est étendue sur sa couche. Germaine lui apparaît tenant sa houlette : elle est au sein de la gloire, et de sa main droite elle montre le ciel.

Ces quatre gravures ont peu de valeur comme objet d'art; mais elles sont précieuses par leur ancienneté. Elles furent exactement reproduites vers le commencement de ce siècle, et c'est sur cette seconde édition qu'on les a gravées de nouveau à l'époque de la béatification.

Le désir de glorifier Germaine a inspiré depuis le talent de nobles artistes. Vers les premières années de ce siècle, Mlle de Lasplanes de Colomiers publia une très-belle gravure d'une assez grande dimension. Germaine y est représentée sur le premier plan, à genoux au pied de la croix, accompagnée de son chien et de ses moutons; la quenouille de la bergère est posée à terre auprès d'elle. Le paysage est charmant. Dans le lointain, on aperçoit l'église et le château de Pibrac, reproduits l'un et l'autre avec une frappante vérité. Plus récemment, M. Rivière, artiste plein de talent, a édité une charmante gravure coloriée qui a quelque ressemblance avec la précédente.

A Rome, le P. Besson, dominicain de Sainte-Sabine, a fait un dessin remarquable de la bienheureuse, dont une très-belle gravure a été publiée à Paris, rappelant le type des gravures allemandes. La bergère y est représentée à genoux, les mains ouvertes devant sa poitrine, la tête inclinée à gauche ; elle paraît en extase. La figure est douce et pleine de résignation. L'église et le château de Pibrac paraissent au loin. La pose de la Bienheureuse rappelle celle des statuettes du moyen âge que l'on aperçoit dans nos églises gothiques.

Une autre gravure a été composée par M. Sublot : c'est en quelque sorte un poëme entier à la manière des anciens maîtres. Au centre, on voit la Bienheureuse entre deux anges tenant, l'un son chapelet, l'autre sa houlette, et sous ses pieds l'église et le château de Pibrac, la croix de bois où elle priait, sa quenouille plantée dans un champ et entourée de ses brebis qu'elle garde comme une fidèle bergère. Huit médaillons forment autour un encadrement où l'on voit les principaux miracles de la Bienheureuse : le miracle des fleurs, le passage du torrent, la procession des vierges conduisant l'âme de Germaine en paradis, la merveilleuse invention de son corps, et les quatre miracles approuvés pour la béatification. Ces huit médaillons sont séparés par huit anges tenant en main les huit béatitudes. Cette œuvre est remarquable, d'un bon style, et digne du sujet qui l'a inspirée.

A Paris, à Toulouse et ailleurs encore, les graveurs, les peintres, les sculpteurs, les lithographes et les photographes ont reproduit sous des formes diverses et avec une heureuse rivalité de talent, les traits et les miracles de la b[illegible] comme aussi le village de Pibrac et la ferme de [illegible]ent.... Enfin la poésie elle-même n'a pas voulu rester en arrière. Elle a payé aussi son gracieux tribut à la bergère de Pibrac. Un poëme populaire en dix chants vient d'être publié à sa louange[1]. Rien ne manque donc aujourd'hui à ce qui peut aider à populariser le nom et la mémoire de notre chère sainte.

Revenons un moment vers cette église qu'elle aimait, où elle a tant prié. Plus d'un lecteur sera charmé peut-être d'y faire avec nous un pieux pèlerinage.

[1] *Germaine de Pibrac*, poëme populaire en dix chants, par M. Valladier. 1 vol. grand in-18 jésus. 1 fr. — Aubanel, édit. à Paris.

CHAPITRE VIII

L'église et le trésor de Pibrac.

L'église actuelle de Pibrac est, selon toutes les apparences, la même que celle où reposa le corps de Germaine dans la première année du dix-septième siècle. Jusqu'à la fin du siècle dernier, elle était restée assez pauvre et dénuée de toute espèce d'ornements; malgré les visites régulières des chevaliers de Malte dans cette église, qui dépendait du grand prieuré de Toulouse, il ne paraît pas que cet ordre célèbre eût fait de grandes largesses à cette paroisse. Mais aujourd'hui l'église de Pibrac est revêtue, à l'intérieur, d'une brillante décoration de peinture et d'architecture, reflet de la gloire qui rayonne autour de la Bienheureuse. Le grand retable qui orne si bien le sanctuaire, est décoré de pilastres, de colonnes et rosaces percées à jour, de grandes niches renfermant les statues de saint Pierre, de saint Paul, de saint Etienne, de saint Jean-Baptiste, de saint Augustin et de saint Ignace. La voûte, de construction récente, a été décorée avec beaucoup de noblesse et de goût par des peintres italiens. On y découvre, dans les ornements et les dispositions des figures, toute une étude religieuse, à l'instar des églises gothiques du moyen âge. L'Ancien et le Nouveau Testament s'y trouvent réunis. Autour règnent, dans des caissons à fond d'azur, les figures des douze apôtres accompagnés chacun d'une banderolle portant un des articles du symbole. Au milieu se trouve l'apothéose de sainte Marie Madeleine, patronne de la paroisse de Pibrac.

La chapelle à droite, où est placé le tombeau de sainte Germaine, est richement décorée. La belle châsse de cuivre doré est formée d'une suite d'arcs à ogives surmontés de clochetons. Au-dessus la bergère est représentée à genoux au pied d'une croix et entourée de moutons. La niche dans laquelle repose le corps de Germaine, s'ouvre du côté de la chapelle intérieure, par une grille de fer, et du côté de la chapelle extérieure par deux portes de bois sur les pannneaux desquelles on a sculpté la figure de la bergère à genoux sur un tertre, et le miracle des fleurs. A droite et à gauche, sont aussi de gracieuses sculptures, dues au ciseau de M. Hérail, artiste distingué de Toulouse.

Mais il est à Pibrac un trésor fidèlement gardé dans son église et qu'ont respecté les spoliateurs de 93 : trésor plus précieux aux yeux des fidèles que toutes les richesses d'or, d'argent et de pierreries dont sont décorés ailleurs tant d'autres sanctuaires. Laissons parler ici M. l'abbé Salvan.

« Nous avons visité ce trésor, et nous ne pouvions nous lasser de le contempler ! Il a subi notre religieux examen pièce par pièce et dans les plus minutieux détails : nous avons touché ces magnifiques joyaux de la couronne séculaire de Germaine, ce merveilleux écrin formé par tant de prodiges, et dans lequel chaque paralytique, chaque estropié, chaque pauvre perclus a laissé son diamant : nous voulons parler de ces cent et quelques béquilles de toute grandeur et de toute forme que tant d'heureux miraculés ont laissées au tombeau de la bergère comme des preuves authentiques de leur guérison et des trophées de sa puissance. Quelle imposante autorité donnée par ces irrécusables témoins à tous les procès-verbaux, enquêtes, commissions et congrégations qui ont amené la béatification d'une pauvre villageoise !

» Parmi les objets si précieux qui forment le trésor de la bergère, il en est un qui a particulièrement fixé notre attention : ce sont deux menottes de prisonnier. Elles sont en fer et paraissent très-anciennes. Nous avons interrogé tous les souvenirs des vieillards du village, recueilli les traditions, et une gracieuse histoire est sortie de nos questions et de nos recherches.

» Bien des années avant la révolution française, un pauvre prisonnier accusé d'un crime puni par les lois, fut conduit par la maréchaussée de Toulouse dans le pays des Auscitains. La grande route qui part de cette ville et se dirige vers Auch n'existait pas à cette époque, et le village de Pibrac se trouvait sur le passage des voyageurs qui se rendaient d'un pays à l'autre. Ce prisonnier était innocent. Il avait entendu parler des miracles opérés par la bergère. Arrivé à Pibrac, où il prit quelques instants de repos, il conjura ses gardes de le laisser entrer dans l'église, afin qu'il pût aller prier auprès du tombeau de Germaine. Sa demande fut favorablement accueillie. Accompagné de ses gardes et de quelques habitants que la curiosité avait attirés, il va se jeter à genoux au pied du tombeau, répandant d'abondantes larmes et conjurant la bergère de manifester son innocence. Au moment où il terminait son ardente prière et que ses gardes le pressaient de se retirer pour continuer sa route, les menottes tombèrent de ses mains, quoiqu'elles fussent solidement rivées et liées entre elles par une baguette en fer qui enlevait au prisonnier la possibilité d'exécuter le plus léger mouvement. Tout le peuple cria au miracle, et les gardes éprouvèrent la plus grande difficulté pour faire partir avec eux le pauvre prisonnier. Néanmoins ce malheureux, ayant déclaré lui-même qu'il ne voulait point, en cédant à l'empressement populaire, compromettre la liberté de ses gardiens et engager leur responsabilité, continua avec eux son chemin et reprit ses menottes. Arrivé au terme de son voyage, il fit instruire son procès. Son innocence étant reconnue, il demanda comme une grâce qu'on lui rendît les menottes qu'il portait pendant sa captivité. Heureux et fier de les avoir obtenues, il revint à Pibrac remercier la bergère d'une protection aussi signalée, et suspendit lui-même auprès du tombeau ces menottes comme un signe permanent de sa miraculeuse délivrance.

» Vous qui parcourez ces lignes, quand vous irez à Pibrac, n'oubliez pas de demander à voir les menottes du pauvre prisonnier. »

[1] L'abbé Salvan : *Hist. de la B. Germaine de Pibrac.*

CHAPITRE IX

Actes du Saint-Siége pour la canonisation de la bienheureuse Germaine

Il restait à décerner à l'humble bergère de Pibrac les suprêmes honneurs de la canonisation. La voix du peuple demandait ce complément de sa gloire. Ce n'était point assez du titre de *bienheureuse* : il fallait que la servante de Dieu échangeât ce titre déjà si beau contre celui de *sainte*. Des grâces nombreuses, obtenues par son intercession en France et en Italie, semblaient manifester la volonté du ciel. Lorsque la terre et le ciel s'unissaient ainsi dans un saint désir, on ne pouvait tarder d'en voir l'heureux accomplissement.

La cause de Germaine Cousin fut donc reprise aussitôt après sa béatification ; la rapidité de sa marche vers le but tant désiré fut encore un des signes éclatants de la protection divine qui n'avait cessé de l'entourer.

Un certain nombre de cardinaux, d'évêques, de supérieurs d'ordres, à la prière du postulateur de la cause, s'étaient empressés d'écrire au souverain Pontife les lettres les plus pressantes, en faisant valoir les titres de la nouvelle bienheureuse à des honneurs plus élevés : tous demandaient instamment la reprise du procès pour obtenir la canonisation.

Muni de ces précieux témoignages, l'avocat de la cause dressa la supplique pour le cardinaux de la sacrée congrégation des rites. Il y montrait *le doigt de Dieu* toujours visible dans ce grand acte de la glorification de l'humble bergère.

« Tout le monde s'est écrié : *Le doigt de Dieu est ici*, quand on a vu tous les esprits passer subitement de l'état d'incertitude où ils se trouvaient au commencement du procès de cette simple bergère, à une unanimité admirable sur l'héroïcité de ses vertus, même avant la dernière congrégation sur cette matière. Tout le monde s'est écrié : *Le doigt de Dieu est là*, quand dans le procès sur les miracles, on a vu se produire le même accord et la même unanimité pour les reconnaître et les approuver, quoique dans la quantité innombrable de ces faits prodigieux, on eût choisi ceux qui paraissaient devoir donner lieu aux difficultés les plus graves. On a crié également : *Le doigt de Dieu est là*, quand on a vu, en moins de neuf ans depuis l'ouverture du procès, l'humble bergère de Pibrac solennellement offerte à la vénération des fidèles dans la basilique du Vatican. Mais qui pourrait ne pas proférer le même cri : *Le doigt de Dieu est là*, pour peu que l'on veuille examiner les circonstances de cette chrétienne apothéose ? Qu'a donc fait de si singulier et de si glorieux cette vierge obscure pour émouvoir à ce point les esprits et les yeux du spectateur? Qui connaissait seulement en Italie avant ce jour, le nom de Germaine? Qu'a de commun l'histoire de sa vie avec ce qui nous touche?

« Nous avons vu cette année (1854) et l'année précédente élever aux honneurs des autels plusieurs serviteurs de Dieu. Tous se recommandent par l'éclat des vertus, par le martyre, par la prédication évangélique, par la fondation de congrégations religieuses; tous, à raison de leurs liens avec les instituts religieux dont ils firent partie, étaient connus du monde et déjà regardés comme des héros. Et pourtant nous n'avons point vu toute cette émotion populairé, tout ce désir de connaître leur vie, tout cet empressement à se procurer leur histoire et leur image. Des milliers d'exemplaires de la Vie de Germaine ont été distribués... et ils ne suffisent pas pour satisfaire les demandes que les fidèles font à l'envi, de l'histoire de notre bienheureuse; demandes sorties non-seulement de Rome, mais des autres villes de l'Etat pontifical et même des Etats voisins. Comment expliquer ce fait, quand on songe à l'humble condition de notre vierge, à l'obscurité de sa vie, dans un pays éloigné des lieux où brille l'éclat de ses vertus? Est-ce que *le doigt de Dieu n'est pas là?...* »

Cette supplique, avec les pièces à l'appui, fut présentée à la sacrée congrégation des rites, dans la séance ordinaire tenue le 13 août 1854, par le cardinal Morichini, rapporteur de la cause, depuis la mort du cardinal Lambruschini. Elle fut accueillie avec faveur, et le Souverain-Pontife, portant toujours le plus vif intérêt à la cause de l'humble bergère de Pibrac, autorisa la réintroduction.

La sacrée congrégation des rites procéda dès lors aux longues investigations et aux graves examens qui sont d'usage pour constater la vérité de deux nouveaux miracles opérés par la servante de Dieu depuis le bref qui l'avait déclarée bienheureuse. Les deux miracles proposés subirent la triple épreuve requise : la première le 2 septembre 1862, dans une assemblée préparatoire; la seconde dans la réunion préparatoire, tenue au Vatican, le 9 juin 1863; enfin la troisième, dans l'assemblée générale, tenue également au Vatican, en présence du Souverain-Pontife, le 6 décembre 1864. Dans cette dernière réunion, le Saint-Père, après avoir entendu les consulteurs et les cardinaux exposer leur opinion favorable, ne déclara pas néanmoins sur-le-champ son propre sentiment; mais, selon l'usage, il avertit les assistants « d'implorer avec ferveur la divine Sagesse pour lui obtenir les secours et les lumières dont il avait besoin pour terminer un jugement de si haute importance. »

Le jeudi après le dimanche de la Sexagésime, 23 février 1865, le vicaire de Jésus-Christ, assis sur son trône, au Vatican, déclara solennellement, devant les membres de la sacrée congrégation des rites : « Qu'il conste de deux miracles opérés par l'intervention de la bienheureuse Germaine Cousin, savoir : 1° la guérison instantanée et parfaite d'Anne-Marie Noël, d'une luxation accidentelle de la cuisse; 2° la guérison instantanée et parfaite de Françoise Huet, en religion sœur Julie Germaine, d'une inflammation chronique de la moëlle épinière. » Cette déclaration solennelle fut la matière d'un décret apostolique daté du même jour, c'est-à-dire le 7 des calendes de mars 1865.

Il restait encore à rendre le décret constatant qu'on peut procéder à la canonisation. Le 8 avril 1865, dans une assemblée générale tenue au Vatican, en présence de Sa Sainteté Pie IX, le cardinal Bonfondi proposa le doute : « Si on pouvait en toute sûreté procéder à la solennelle canonisation de la bienheureuse Germaine Cousin ; » et tous les cardinaux et les consulteurs répondirent affirmativement.

Le Souverain-Pontife, les ajournant à un autre jour pour déclarer son sentiment, les invita de nouveau à recourir à la prière. Enfin, en juillet de la même année, Pie IX, résidant à Castel-Gandolfo, après avoir offert avec la plus grande piété le saint sacrifice dans la chapelle du palais, se rendit à l'église paroissiale, et là, assis sur son trône, les membres de la sacrée congrégation des rites ayant été appelés, le vicaire de Jésus-Christ déclara « qu'on peut procéder en toute sûreté à la canonisation solennelle de la bienheureuse Germaine Cousin. »

Un nouveau décret apostolique, en date du 10 des calendes d'août (23 juillet) 1865, suivit cette déclaration. On y lit ces belles paroles à la louange de notre chère sainte : «.... La souveraine bonté de Dieu, qui avait autrefois tiré de ses troupeaux David, ce jeune homme rustique, pour qu'Israël gouvernât son héritage et qu'il occupât le trône royal dans la maison de Jacob, a aujourd'hui enlevé à la garde de ses brebis et attiré à elle une jeune villageoise, la bienheureuse Germaine Cousin ; et l'entourant d'une manière admirable de la splendeur des vertus, l'a conduite au trône sublime de la gloire éternelle. Et de même que la Bonté divine avait donné à David de procurer le salut à Israël en tuant son ennemi ; de même aussi elle a accordé à Germaine de prévenir les calamités des hommes et de chasser de leurs corps malades des infirmités incurables. »

Le 27 mars 1867, Sa Sainteté Pie IX, tenant au Vatican, un consistoire secret, l'ouvrait par une allocution dans laquelle il exprimait son intention d'inscrire au catalogue des saints la vierge de Pibrac. Après l'expression de ce désir, le Souverain-Pontife écoutait le cardinal Patrizzi, préfet de la sacrée congrégation des rites, exposant succinctement la vie, les vertus, les miracles de Germaine, et résumant les actes accomplis par la congrégation pour arriver à la canonisation solennelle. Ce rapport terminé, le Saint-Père demandait aux cardinaux si leur sentiment était que l'on dût procéder à la canonisation ; et chacun d'eux ayant répondu affirmativement, le vicaire de Jésus-Christ exprimait sa volonté pontificale de procéder à ce grand acte.

Tandis qu'à Rome tout s'apprêtait pour la canonisation de Germaine, en France, et dans son pays natal surtout, les fidèles redoublaient leurs prières à la bienfaisante bergère et appelaient de leurs vœux sa suprême glorification. Le pieux pasteur de l'antique église de Saint-Saturnin et de Saint-Exupère excitait de plus en plus, par des instructions spéciales, le zèle et la dévotion de ses diocésains envers leur nouvelle patronne : « L'Eglise peut décréter la canonisation de Germaine, s'écriait, en 1866, le vénérable prélat [1]; son infaillible parole ne trouvera pas une seule contradiction au milieu de nous. Oui, nous savons que notre thaumaturge bien-aimée est digne des grandeurs qu'on lui prépare, et nous ne risquons pas de nous tromper en lui rendant témoignage.

« Quel est celui d'entre nous qui ne pourrait servir de témoin oculaire pour attester les guérisons opérées par notre compatissante bienheureuse? N'est-elle point la protectrice séculaire de nos famillles, la principale bienfaitrice de nos foyers? Qui de nous n'a connu quelqu'un de ceux qui trouvèrent la vie à son tombeau? Ceci est, en effet, l'histoire de nos amis, de notre village, de notre maison, de nos plus intimes souvenirs. Aussi, à l'appui de notre parole, nous pouvons vous adjurer, mères dont elle fit marcher les enfants malades, désespérés qu'elle rendit à la santé, infortunés sans nombre qu'elle a consolés.... Et ce que nous affirmons de son pouvoir et de sa bonté, ce n'est pas ce que les livres nous ont appris, ce n'est pas ce que les voyageurs nous ont raconté, c'est ce que nous avons vu de nos yeux, touché et constaté de nos propres mains....

» Avant comme après l'avénement du christianisme, ajoutait le prélat, Rome a été en possession du privilége de distribuer la gloire au génie et à la vertu. Tantôt sur les marches du Capitole, tantôt sous les voûtes du Panthéon, tantôt dans la basilique de Saint-Pierre, elle a distribué les palmes et les couronnes d'immortalité. Mais

[1] Mandement de Mgr l'archevêque de Toulouse, du 5 janvier 1866.

quelle différence entre les honneurs d'alors et ceux d'aujourd'hui! Les grands hommes qui triomphèrent sur la voie sacrée et les faux dieux qui furent adorés dans le Panthéon sont oubliés depuis longtemps; les saints qui ont été proclamés par l'Eglise dans ces solennités, qu'elle appelle des *canonisations*, participent à l'immortalité de l'Eglise elle-même. »

C'était l'une de ces solennités qui s'apprêtait pour glorifier l'humble bergère de Pibrac. Le Souverain-Pontife, empressé de satisfaire les saintes aspirations des âmes pieuses, avait fixé au 29 juin 1867 le jour de cette glorification suprême.

CHAPITRE X

Canonisation de la bienheureuse Germaine.

Le 29 juin 1867, fête des bienheureux apôtres Pierre et Paul, restera à jamais un jour mémorable dans les annales de l'Eglise et de l'histoire. En même temps qu'il proclamait la gloire dix-huit fois séculaire de Pierre, prince des apôtres, Pie IX, son auguste successeur, entouré d'une couronne de cinq cents évêques et de plus de cent mille pèlerins accourus de tous les pays du monde, glorifiait une nouvelle légion de bienheureux, que les Eglises de Pologne, de Néerlande, d'Italie, de France et du Japon ont donnée à l'Eglise de Rome, leur commune mère, et à l'Eglise du ciel, cité permanente des élus.

Une humble enfant du peuple représentait la France dans ce groupe illustre de bienheureux : c'était notre chère sainte, cette petite bergère de Pibrac, dont le nom est désormais populaire dans la patrie de Geneviève et de Jeanne d'Arc[1]. »

[1] On connaît les noms des autres bienheureux : Josaphat Keincéwitz, archevêque et martyr ; — Nicolas Pie et ses compagnons, martyrs de Gorcum ; —

La basilique vaticane avait été décorée avec beaucoup de magnificence. L'architecte avait eu le bon goût de ne pas changer l'aspect de l'édifice, de ne pas le recouvrir en quelque sorte d'une enveloppe provisoire qui, malgré toute sa richesse, aurait masqué les beautés de l'œuvre de Michel-Ange. Le brillant décor n'était que l'accessoire : il ne masquait rien, il faisait tout valoir et mettait tout en relief, de sorte que Saint-Pierre demeurait Saint-Pierre dans toute sa majesté et sa grandeur. Le regard était attiré tout d'abord par un énorme globe de verdure appendu au-dessus de la grande porte d'entrée du vestibule, et annonçant que le monde entier est soumis à la juridiction de Pierre. Plus haut apparaissait un superbe tableau représentant le martyre des saints apôtres Pierre et Paul. Sur les autres portes étaient placés deux immenses étendards, montrant dans la gloire des cieux les bienheureux qui allaient être canonisés. D'autres étendards couronnés de guirlandes et de fleurs et représentant les miracles dus à l'intercession de ces bienheureux étaient suspendus autour des arceaux de la grande nef. Ces tableaux attiraient particulièrement les regards de la foule. Il y avait dans ces scènes parlantes une éloquence qui allait droit au cœur et proclamait hautement la puissance des nouveaux saints. Vers l'entrée de la basilique, deux tableaux rappelaient la guérison merveilleuse des deux infirmes, Marie Noël et Françoise Huet, obtenues par la protection de la petite bergère de Pibrac.

Paul de la Croix et Léonard de Port-Maurice, confesseurs; — Pierre d'Arbues, martyr; — Marie-Françoise des Cinq-Plaies de Jésus.

La cérémonie d'une canonisation est très-imposante; elle se décompose en trois parties : la procession, la publication du décret et la messe solennelle. Nous avons décrit ailleurs les détails de cette incomparable fête du 29 juin 1867[1]. Rappelons-les sommairement en songeant que notre chère sainte avait sa place d'honneur au milieu de ce groupe illustre de bienheureux confesseurs ou martyrs.

L'auguste cérémonie, dite à Rome *la funzione* (fonction), commença par une magnifique procession, à peu près semblable à celle du *Corpus Domini*. On n'y comptait pas moins de quatre cent quarante évêques, archevêques et patriarches, et de quarante cardinaux. A la suite des membres de la congrégation des rites, étaient portées triomphalement les bannières des bienheureux qu'on allait canoniser. Celle de notre chère sainte était portée par la confrérie du Très-Saint-Sacrement de Sainte-Marie *in via*. Elle était précédée d'un grand nombre de prêtres du diocèse de Toulouse, revêtus de la *cotta* et tenant un cierge; quatre d'entre eux l'accompagnaient, tenant les cordons.

A la suite du long et magnifique cortége, venaient enfin les prélats assistant le Souverain-Pontife, et le Souverain-Pontife lui-même porté sur la *sedia gestatoria*, sous un dais rouge et entouré des *flabelli*.... Comment décrire l'aspect imposant de ce cortége aux couleurs éclatantes sous le soleil de Rome, au milieu d'une foule

[1] *Le Centenaire de Saint-Pierre et les Fêtes de Rome.* in-12. 1868. Lefort.

immense, partout prosternée pour recevoir la bénédiction de son Père et Pontife!

La procession ayant traversé la place Saint-Pierre entre dans la basilique ; les prélats, les cardinaux et toutes les personnes composant le cortége, prennent leur place. Le Souverain-Pontife s'arrête quelques instants devant la chapelle où repose le Saint-Sacrement, y fait un acte d'adoration; puis il se rend sur son trône, placé au fond de la basilique, sous la chaire de saint Pierre, et la seconde partie de la *fonction* commence.

Le cardinal procureur de la canonisation s'avance au pied du trône assisté d'un avocat consistorial pour demander au Souverain-Pontife d'inscrire les bienheureux au catalogue des saints. Sa Sainteté répond qu'il faut implorer la lumière divine, par l'intercession de la bienheureuse Vierge Marie, des saints apôtres Pierre et Paul et de toute la cour céleste. On entonne alors les *litanies des saints*. Une seconde et une troisième fois, le cardinal procureur revient avec l'avocat consistorial au pied du trône, et demande *instanter*, *instantius*, *instantissimè*, qu'il soit procédé à la cérémonie de la canonisation : triple postulation par laquelle l'Eglise semble monter de degré en degré et frapper à la porte du ciel en redoublant ses instances. Enfin, après le chant des *litanies* et du *Veni Creator*, redit par l'auguste assemblée et les innombrables voix du peuple, sous les voûtes de la basilique, le Saint-Père, la tiare en tête, assis sur la chaire apostolique, comme docteur et chef de l'Eglise universelle, prononce la sentence de canonisation.

Ce grand acte accompli, Sa Sainteté se lève, dépose la tiare, et d'une voix forte entonne le *Te Deum.*

Aussitôt les trompettes pontificales résonnent ; les cloches de la Basilique Vaticane, auxquelles répondent bientôt toutes les autres cloches de la ville, répandent dans les airs la joyeuse nouvelle ; les tambours battent, les canons du château Saint-Ange retentissent. Quel moment solennel ! La parole est ici impuissante. Comment redire l'émotion des assistants à cette déclaration solennelle des nouveaux saints qui leur sont donnés pour intercesseurs dans les cieux !

Gloire à Dieu ! vingt-cinq nouvelles étoiles brillent donc désormais du plus vif éclat dans le ciel, pour protéger les nombreux passagers de la barque de Pierre ; et l'une d'elles protége surtout la France, la nation très-chrétienne ; c'est notre chère sainte, l'humble bergère de Pibrac !

Le *Te Deum* achevé, quelques prières dans lesquelles, pour la première fois, les noms des nouveaux saints sont énoncés terminent la seconde partie de la *fonction.*

Ensuite le Saint-Père célébra la messe pontificale. Rappelons ici que pendant le grand office du centenaire et de la canonisation, Sa Sainteté Pie IX voulut avoir auprès de lui, avec NN. SS. les archevêques de Saragosse et de Tarse, Mgr l'archevêque de Toulouse, diocèse de sainte Germaine Cousin.

Après l'évangile, Sa Sainteté prononça une touchante homélie en l'honneur des glorieux apôtres Pierre et Paul et des nouveaux saints. Notre douce et humble bergère y reçut sa part de glorification de la bouche du vicaire de

Jésus-Christ. — Mais quel moment d'une magnificence inouïe succède aux paroles du Chef de l'Eglise! Entendez-vous ces voix de cinq cents évêques réunis au tombeau des saints apôtres, en face de la chaire de saint Pierre, entonnant le *Credo*, le symbole d'Athanase, l'expression de la foi de l'Eglise depuis son origine, l'expression de la foi catholique sur toute la terre? Et aucun de tous ces hommes doctes et vénérables, venus à Rome des quatre vents du monde, ne parlait pour lui seul; tous, ils représentaient des diocèses, des populations entières obéissant à leur autorité, parlant et pensant comme eux, et comme eux prêtes à sceller leur foi de leur sang. Où trouver un plus grand spectacle?

A l'offertoire, les offrandes propres au rite de la canonisation furent présentées à Sa Sainteté : chacune des sept consistait en cinq cierges ornés de peintures, en deux pains, deux petits barils, l'un doré, rempli de vin, l'autre d'argent, rempli d'eau et en trois volières renfermant les tourterelles, les colombes et les petits oiseaux, tous objets dont la signification mystique est, comme tout ce qui sert à l'Eglise, empreinte d'une grandeur, d'une poésie et d'un charme particuliers.

Pendant que s'accomplissait la touchante cérémonie des oblations, trois chœurs magnifiques de cinq cents voix chantaient le *Tu es Petrus*, une musique d'une grande ampleur de ton, d'une grande richesse de style, et vraiment digne du lieu et de la circonstance où ces accords devaient retentir. L'effet en fut prodigieux; on aurait cru entendre la voix des anges du ciel qui répondait à l'Eglise militante pour proclamer et exalter la puissance invincible de Pierre.

La messe pontificale fut terminée par la bénédiction. Puis, la foule des pèlerins s'écoula lentement, heureuse d'avoir assisté à ce grand acte par lequel l'Eglise vient d'affirmer une fois encore, en face des représentants de toute la terre, sa vitalité puissante et indestructible !

Le 15 juin de chaque année, en la douce saison des fleurs, on verra désormais célébrer avec joie la fête de la sainte bergère de Pibrac. Un autre jour mémorable sera toujours cher aussi aux amis de notre sainte : c'est le 27 juin, jour de sa glorification suprême dans la basilique Vaticane, pendant que tout l'univers chrétien répétait, avec les cinq cents évêques et les cent mille pèlerins venus à Rome : *Tu es Petrus, et super hanc petram ædificabo Ecclesiam meam, et portæ inferi non prævalebunt.* Vous êtes Pierre, et sur cette pierre je bâtirai mon Eglise, et les portes de l'enfer ne prévaudront point contre elle. »

CHAPITRE XI

Les fêtes de sainte Germaine à Toulouse (27, 28, 29 juillet 1867).

Après ce jour mémorable du 29 juin 1867, Rome vit les fêtes religieuses se succéder sans interruption, durant l'octave de saint Pierre, sur les divers points de son enceinte sanctifiés par la présence, les souffrances et le martyre des saints apôtres. Rome vit aussi un dernier hommage rendu dans ses murs à l'humble bergère de Pibrac, avant la clôture des imposantes solennités du centenaire. Un *triduum* de prières en son honneur fut célébré avec beaucoup de pompe et un grand concours de fidèles à l'église de Saint-Louis des Français[1]. Mgr Bertheaud, évêque de Tulle, Mgr Mermillod, évêque d'Hébron, auxiliaire de Genève, et S. E. le cardinal-archevêque de Rouen, vinrent tour à tour dans cette église exalter à l'envi les vertus et la gloire de notre chère sainte. Le clergé de Toulouse, présent à Rome avec son vénérable archevêque, et les fidèles de ce diocèse accourus en

[1] Les 2, 3 et 4 juillet.

grand nombre pour assister à la canonisation de Germaine, se firent un honneur et une douce joie de prendre part à ce *triduum* solennel célébré à Saint-Louis des Français.

Dans plusieurs villes de la France, on vit d'autres fidèles s'associer avec bonheur à ces fêtes, à ces réjouissances de la ville éternelle, et en offrir comme un reflet au milieu de nos populations. Mais que dirons-nous de la fête incomparable par laquelle Toulouse, la patrie de notre sainte, a célébré aussi sa canonisation? Ce n'est pas ici seulement un magnifique reflet des fêtes. C'est une solennelle manifestation d'une catholique cité tout entière qui a su montrer à la France combien le culte de Dieu et de ses saints est cher encore au cœur de nos populations, en dépit des efforts tentés pour faire prévaloir le culte de la matière et le règne de la libre-pensée.

Toulouse *la savante*, la reine et la capitale du Midi, la ville des arts, des académies, des jeux floraux, mieux encore qu'en 1857, s'est donc vue durant trois jours et trois nuits (27, 28, 29 juillet) complètement transfigurée. « Qu'on se représente, dit une feuille locale, toutes les façades des maisons, toutes les fenêtres ornées de mille et mille façons : partout des guirlandes ou des festons, des girandoles de verres de couleurs; des images ou des monogrammes de saint Germaine de toute grandeur et de toute sorte! Qu'on imagine tout cela et tout ce que nous ne pourrions énumérer dans une rapide analyse, et l'on aura à peine une faible idée de l'aspect que Toulouse a offert. Mais si nous sommes impuissants à exprimer les merveilles de ces beaux jours, comment essaierons nous de parler de l'effet inoui, prodigieux des illuminations? Toulouse semblait en feu : depuis le rez-de-chaussée jusqu'au faite toutes les maisons étaient éclairées de mille flammes de couleur. La sérénité de la nuit a permis longtemps de jouir de cet aspect incomparable. Citer tout ce que nous avons vu de beau, de superbe, de ravissant, est vraiment impossible... »

« Chacun, dit une autre feuille, s'ingéniait à trouver un moyen de rendre hommage à la sainte : plusieurs personnes avaient transformé le corridor de leur maison, la cour ou une pièce du rez-de-chaussée en une chapelle où la statue de Germaine brillait sur un autel au milieu de vases de fleurs, de riches tentures et de flots de lumières. On s'arrêtait devant ces sanctuaires improvisés, et chacun était tenté de tomber à genoux pour prier. L'illusion était d'autant plus grande dans une de ces chapelles, qu'un chœur d'hommes et de femmes chantait durant toute la soirée des cantiques en l'honneur de la bergère... »

Les témoins oculaires de cette fête se déclarant tous impuissants dans leurs récits à retracer dignement ce qu'ils ont vu, l'un d'eux s'exprime ainsi : « Le chroniqueur, en présence de tels spectacles sent la plume tomber de ses mains. Il ressemble à un homme qui, pour avoir joui un instant des ineffables délices du ciel, serait impuissant à le peindre. Placé d'ailleurs entre les témoins de ces splendides réalités et les froids lecteurs des lointaines provinces, il se trouve dans la cruelle alternative de paraître incomplet aux premiers ou de devenir incroyable pour les seconds. »

Arrêtons un instant nos regards sur l'auguste et touchante cérémonie qui termina les fêtes, le troisième jour; jamais peut-être l'éclat d'un tel triomphe n'a eu son pareil dans une ville de notre France.

L'objet principal de cette cérémonie était la translation d'une insigne relique de sainte Germaine, de l'église métropolitaine, où elle avait été vénérée durant trois jours, à la basilique de Saint-Sernin, dont elle devait augmenter le riche trésor... l'un des plus riches de la chrétienté. Mgr Desprès avait voulu que tous les saints, l'honneur de ce trésor, vinssent jusqu'à l'Eglise mère au devant de leur nouvelle sœur, afin de l'amener triomphalement dans leur basilique avec toute la population de Toulouse pour cortége. Cette grande idée du premier pasteur fut comprise et magnifiquement réalisée. Conviées à ce triomphe, afin de lui donner plus d'éclat, les premières autorités de la province, du département et de la cité répondirent à cet appel avec un noble empressement. Ce bel élan les honore, et Toulouse en gardera le souvenir.

Qu'on se représente maintenant cette longue procession des dix paroisses de Toulouse, étalant chacune à l'envi ses riches bannières, ses élégants pavillons, ses emblèmes, et cheminant, avec ses confréries, ses pensions, ses congrégations, ses chœurs de chanteurs, à travers les rues transfigurées de la grande cité! Le cortége de Saint-Etienne ferme la série des paroisses. « On y voit, dit *la Semaine catholique*, de nombreuses jeunes filles se déroulant en lignes fleuries comme les allées d'un parterre. Chacune porte dans sa maison l'emblème d'une vertu de Germaine : la violette de son humilité, le lis de sa virginité, les roses de sa charité, le jasmin, l'acacia, le bluet au milieu des épis, symboles de sa vie champêtre. Quatre petites bergères, simples et recueillies comme Germaine, s'avancent la quenouille au bras et excitent sur tout leur passage de bruyantes sympathies. »

A mesure qu'elle s'avance, la procession revêt un caractère plus grave et solennel. Voici la longue phalange des religieuses exerçant à Toulouse, sous diverses formes, tous les pieux offices de la charité ! Après elles viennent les vénérables fils de La Salle, de saint François, de saint Dominique, de saint Ignace, et les révérends pères du Sacré-Cœur. Ils précèdent les corps saints, illustres habitants de la basilique, puissants gardiens de la cité, qui se balancent majestueusement sur les épaules des lévites, des prêtres, des religieux. Ils passent près de quarante à travers les rues et les places pavoisées dans leurs châsses étincelantes d'or. Saint Thomas d'Aquin, le docteur angélique, et saint Louis d'Anjou, petit-neveu de saint Louis, roi de France, portés par leurs frères de Saint-Dominique et de Saint-François, font ainsi cortége à l'humble fille des champs.... Une foule immense contemple ces châsses bénies... Mais elle attend avec impatience la nouvelle canonisée. La voici enfin ! On la reconnaît à l'enthousiasme qui l'entoure, à l'émotion, aux larmes de joie.... On la reconnaît surtout aux avalanches de fleurs qui pleuvent sur elle durant tout le cours de son passage.

« Elle s'avance, portée avec un amour jaloux par les révérends pères du Sacré-Cœur, gardiens de son tombeau à Pibrac, précédée de quatre cents prêtres qui chantent des cantiques, environnée d'enfants qui la couvrent d'encens et de fleurs, suivie de MM. les curés de la ville de Toulouse, de cent chanoines et de douze pontifes qui courbent des milliers de têtes sous leurs bénédictions.

» Après son cortége de prélats, présidé par Mgr l'archevêque, les autorités militaires, civiles, judicaires, académiques et administrative, ornent sa suite en lignes pressées... Quel contraste riche en enseignements ! tout ce qui représente la puissance sur la terre, tout ce qui porte une toge ou une épée, est venu faire escorte à un débris du corps d'une bergère qui vient d'être déclarée sainte par l'Eglise !.... N'est-ce pas le monde lui-même proclamant les étonnantes béatitudes annoncées par Jésus-Christ : *Beati pauperes, beati mites, beati qui persecutionem patiuntur ?* N'est-ce pas la force et la science venant contre-signer les décrets de Rome sur l'authenticité des miracles de Germaine et l'héroïsme de ses vertus [1] ? »

Un ami de Toulouse, ancien officier supérieur, m'écrivait ces lignes peu de jours après : « Nos fêtes ont été splendides, rien n'en peut donner une idée. Combien je regrette que vous n'ayez pu voir cet enthousiasme et cette exaltation d'une ville de cent trente mille âmes !

[1] *Semaine catholique de Toulouse.*

Rien n'y a manqué, c'est un fait unique à signaler. Je ne crois pas qu'il y ait jamais eu nulle part un pareil triomphe.... Toulouse était féerique le jour et la nuit.... Tout disparaissait sous les oriflammes, sous les guirlandes, sous les avalanches de fleurs; dans tous les quartiers, dans toutes les rues, dans les hôtels comme dans les mansardes, c'était partout un véritable *hosanna*.... Rien de touchant comme ces *petits Pibrac*, qu'on voyait sur le seuil ou dans les cours des maisons. Le soleil a été constamment radieux, l'éloquence entraînante, et le cortége de mardi complétement prodigieux. On ne peut se faire une idée de son effet dans nos grandes rues pavoisées, et d'où retombaient par milliers les drapeaux et les banderolles. Un frémissement s'élevait partout sur le passage de la sainte, qui a traversé la ville au milieu des acclamations et des pluies de fleurs. Je le répète, c'était superbe, inouï... Les plus froids ont été emportés dans ce tourbillon, et j'ai vu dans ces trois jours bien des émotions que je n'aurais pas soupçonnées. Quant au discours de Mgr Mermillod, à St-Etienne, le charme de la parole ne saurait aller plus loin, et telle était l'impression de l'auditoire, qu'il n'a pu, malgré la sainteté du lieu, retenir à la fin un immense applaudissement. Les récits que vous avez pu lire ne disent rien qui ne soit au-dessous de la vérité, rien surtout de cette joie, de cette exaltation de deux cents mille âmes. Au reste, pas un cri, pas un blâme, pas un accident, n'est venu pendant ces trois jours troubler cette joie : aucun vol n'a été commis, aucun procès-verbal n'a été dressé, aucun ivrogne n'a paru ; les nuages eux-mêmes et les agents de police ont disparu ; tout s'est fait seul comme par enchantement. C'était du miracle.... »

Honneur à la ville de Toulouse ! Elle a donné un bel exemple dans notre siècle. Mais cet hommage éclatant, qu'elle a su rendre à sa sainte patronne, doit se perpétuer au delà de trois soleils. La noble et fidèle cité, tout émue encore du spectacle qui venait de s'offrir à sa vue, a voté l'érection dans son sein d'une statue à sainte Germaine.

La piété toulousaine ne s'en tiendra pas sans doute à cet hommage trop vulgaire : elle voudra faire plus encore. Il faut plus qu'une statue à cette humble fille des champs proclamée *sainte* par la voix de l'Eglise... il lui faut un magnifique temple. La capitale du Midi se montrera ici une digne émule de la capitale de la France. Tandis que Paris voit briller sur sa colline le temple qui porte le nom de son antique patronne, sainte Geneviève, la bergère de Nanterre ; un jour, nous l'espérons, Toulouse verra briller aussi sur les bords de son grand fleuve, entre son capitole et Saint-Sernin, une splendide église érigée en l'honneur de sa nouvelle patronne, sainte Germaine, la bergère de Pibrac !

Janvier 1868.

APPENDICE

BREF DE BÉATIFICATION

PIE IX SOUVERAIN PONTIFE

POUR EN PERPÉTUER LA MÉMOIRE.

Dieu, créateur et arbitrè immortel de toutes choses, n'a rien tant en horreur que l'orgueil insensé des hommes : aussi a-t-il frappé et rempli d'affliction ceux qui, comptant sur eux-mêmes, se sont laissés aller à une vaine présomption, tandis que, soutenant par son assistance divine les humbles et les petits, il les a destinés à l'accomplissement des œuvres les plus étonnantes. Nous le voyons dans l'histoire de l'Ancien Testament, dirigeant lui-même la main d'un jeune homme pour abattre l'audace de ce géant qui faisait l'espoir de l'armée des Philistins : nous le voyons encore, remplissant d'une ardeur guerrière une faible femme pour mettre à mort Holopherne. De semblables prodiges se sont renouvelés dans tous les siècles suivants où Dieu s'est plu à choisir ce qu'il y avait de faible en ce monde pour confondre ce qui est fort. Nous en avons un exemple frappant au XVIe siècle : on vit alors des hommes, enflés de je ne sais quelle vaine sagesse, ennemie de Dieu au delà de toute mesure, essayer de captiver sous les lois de l'orgueil une intelligence qui se devait toute à la foi, enfanter, pour la ruine des âmes, les plus abominables systèmes de monstrueuses erreurs. Mais, en même temps, une humble et simple fille, née dans un hameau sans renom, vraie et sincère dans la pratique de la piété, aidée d'en haut par l'esprit de sagesse et d'intelligence, dépassa tout ce qu'on pouvait attendre de son âge et de sa condition, dans l'exercice des plus sublimes vertus, et, comme un astre nouveau, elle répandit un merveilleux éclat, non-seulement sur l'Eglise de France qui l'avait vu naître, mais encore sur l'Eglise universelle. Or, ce fut à Pibrac, bourg du diocèse de Toulouse, qu'elle naquit de parents pauvres, en 1579, et, sur les fonts sacrés du baptême, elle reçut le nom de GERMAINE. Destinée à souffrir, dès le début de sa carrière, elle aperçut devant elle la voie des plus amères douleurs, et elle y entra avec un cœur plein de joie. Elle avait perdu sa mère de bonne heure; et une marâtre sévère lui fit éprouver les plus rudes traitements. Rejetée, à son instigation, du toit paternel, tout affligée qu'elle était d'une maladie scrofuleuse, elle fut chargée de garder un troupeau. Ce genre de vie fut pour cette vénérable jeune fille l'occasion d'avancer à grands pas dans la pratique de la perfection. La solitude des champs et le silence des forêts ne lui offrant rien qui pût fixer son cœur et l'attacher aux choses périssables de la terre, elle le consacra à Dieu irrévocablement. Brûlant d'amour pour lui, soit qu'elle conduisît ses brebis aux pâturages, soit que, selon les habitudes de son sexe, elle filât sa quenouille, jamais elle ne perdit l'esprit d'oraison. Fidèle à ses pieuses pratiques, elle ne put être détournée de leur accomplissement ni par la longueur des trajets ni par le mauvais état des chemins. Elle laissait son troupeau au milieu des forêts, et, se reposant avec confiance sur les soins de la Providence divine, quelque éloignée qu'elle fût de l'église, elle s'y rendait tous les jours pour assister au saint sacrifice. Elle aimait à se purifier souvent par le sacrement de pénitence; et puis elle allait s'asseoir à la table sainte pour s'y nourrir de la divine Eucharistie. Elle honorait d'une vénération toute filiale la sainte Mère de Dieu, et lui rendait fréquemment les hommages de son respect et de sa dévotion. Son cœur, tout brûlant d'amour pour Dieu, ne s'en ouvrait pas moins à la charité envers le prochain : elle lui venait en aide, selon ses modiques ressources, toutes les fois que l'occasion s'en présentait, soit pour l'âme, soit pour le corps. Ainsi elle avait l'habitude d'enseigner aux enfants les mystères de la foi, et de les former à la piété; et, quoiqu'elle n'eût, pour toute nourriture, qu'un peu de pain, elle s'en privait pour apaiser la faim des indigents. Elle donnait des preuves éclatantes et singulières de sa douceur, de sa patience et de sa constance dans le bien. Elle endurait, en veillant au troupeau qui lui était confié, les rigueurs du froid et du chaud. Elle souffrait, dès son enfance, de la maladie dont elle était atteinte. Toutes les fois qu'elle rentrait dans la maison paternelle, c'était de la part de sa marâtre des mauvais traitements qui semblaient croître chaque jour en rigueur et en cruauté. Si elle voulait prendre un peu de repos, elle était obligée de se coucher sur la dure, dans un réduit obscur de la maison. Ces souffrances et ces vexations ne purent l'abattre; bien au contraire, on vit toujours la gaieté sur son front, signe non équivoque du bonheur qu'elle ressentait de souffrir et d'être méprisée pour devenir conforme à l'image du Fils de Dieu. Tandis que cette jeune fille pleine d'innocence persévérait avec joie et ardeur dans le dessein qu'elle avait formé de tendre à la perfection, mûre pour la récompense qu'avaient méritée ses travaux, elle reçut, à l'âge de vingt-deux ans, une vie éternellement bienheureuse en échange de cette vie périssable et pleine de douleurs. Tout le monde avait été frappé de la splendeur de tant de vertus : on la regardait comme une sainte; et cette réputation de sainteté, loin de cesser ou de diminuer après sa mort, ne fit que s'étendre de tous côtés. Elle s'accrut même, lorsque, quarante ans après le décès de cette jeune vierge, on trouva ses dépouilles mortelles parfaitement conservées, sans la moindre corruption, et recouvertes de fleurs d'une fraîcheur remarquable. Ce prodige fut le prélude d'un nombre considérable d'autres prodiges que la puissance suprême opéra sur le tombeau de la servante de Dieu. Le bruit en vint aux oreilles de l'autorité archiépiscopale de Toulouse, qui jugea opportun d'informer juridiquement sur ces miracles et sur ces dépouilles mortelles, encore dans le sein de la terre, mais toujours sans corruption : et deux témoins oculaires, qui avaient bien connu Germaine pendant sa vie, affirmèrent leur identité. Les prélats qui se succédèrent sur le siége de Toulouse reconnurent que ces rares vertus, auxquelles Dieu lui-même rendait témoignage, méritaient d'être déférées au Siége apostolique, afin qu'il plaçât au rang des saints celle qui les avait pratiquées. Mais vinrent ces temps si douloureux et si funestes pour l'Eglise de France, et même pour l'Eglise universelle, qui mirent des obstacles à la poursuite de cette affaire. On ne saurait toutefois assez admirer les desseins de la divine Providence, qui a réservé cette cause pour l'époque où nous vivons, afin que l'exemple de cette jeune fille qui, par l'innocence de sa vie et la pratique de l'humilité, est parvenue à la gloire des bienheureux, ranime et fortifie la foi presque éteinte dans le cœur de plusieurs, et que les mœurs s'amendent selon les règles de la religion chrétienne. Néanmoins, comme il s'était écoulé deux cent quarante-deux ans depuis la mort de la vénérable servante de Dieu, il semblait presque impossible de recueillir assez de témoignages pour informer et juger sur ses vertus et sur les miracles opérés par son intercession, afin qu'elle pût être inscrite sur le catalogue des bienheureux. Mais Dieu, qui élève les humbles, a fait disparaître toutes les difficultés; et il faut convenir que ce n'est pas sans une Providence toute spéciale que la tradition des actions de la vénérable Germaine soit parvenue jusqu'à nous constante et sans altération. Ce qui frappe d'abord, c'est que l'on voit encore à Pibrac des familles qu'on y voyait tandis que Germaine était encore sur la terre, et qu'il se soit rencontré dans ces familles des membres dont la vie ait été assez prolongée pour qu'à l'aide de trois ou quatre témoins le souvenir des faits soit arrivé jusqu'à nous. Tout ce qui touche aux vertus de cette innocente vierge et à la série non interrompue de ses miracles a été transmis des bisaïeux aux aïeux, aux petits-fils et à leurs descendants, avec tant d'assurance et d'intégrité, que, pendant une si longue suite d'années, on remarque dans les récits de tous une admirable ingénuité, une admirable simplicité, un admirable accord; ce qui constitue des caractères très-certains et des preuves incontestables de vérité. Aussi, après un soigneux examen des vertus de la vénérable Germaine, fait par nos vénérables frères les cardinaux de la sainte Eglise romaine préposés à la congrégation des Rites, et après avoir adressé à Dieu de ferventes prières, Nous avons déclaré, par un décret publié le 8 des calendes de juin 1854, qu'il constait des vertus de la servante de Dieu en un degré héroïque. Alors, et dans la même congrégation, a été commencé le jugement sur quatre miracles que l'on disait avoir été opérés de Dieu par son intercession. Après un sévère examen, ces miracles furent approuvés d'après les suffrages des consulteurs et l'avis des cardinaux; et Nous, ayant d'abord imploré l'assistance et le secours du Père des lumières, avons rendu, le 3 des nones de mai de l'année dernière 1853, un décret sur la vérité des miracles précités. Enfin, et pour dernière formalité, la susdite congrégation a été assemblée devant Nous, selon l'usage, la veille des calendes de juin, et, après avoir recueilli les suffrages des consulteurs, elle a été d'avis, à l'unanimité, que, lorsque Nous le trouverions à propos, on pourrait en sûreté décerner à la vénérable servante de Dieu les honneurs de la béatification, avec tous les indults qui y sont attachés, en attendant la célébration solennelle de sa canonisation. Pour Nous, touché des prières de tous les évêques de France, de tout le clergé tant régulier que séculier, sur l'avis des cardinaux précités, chargés de veiller à ce qui regarde les rites légitimes, de notre autorité apostolique, accordons, par la teneur des présentes lettres, la faculté de désigner désormais la vénérable servante de Dieu Germaine Cousin, sous le nom de bienheureuse, et d'exposer publiquement à la vénération des fidèles son corps, ses restes ou reliques, avec la restriction cependant qu'ils ne seront pas portés aux processions solennelles. Nous permettons encore, par la même autorité, la récitation de l'office en son honneur, et la célébration de la messe prise du Commun des vierges, avec les oraisons propres, approuvées par Nous, selon les rubriques du Missel et du Bréviaire romain. Nous limitons toutefois cette faculté à la paroisse de Pibrac et au diocèse de Toulouse, fixant le 15 juin à tous les fidèles séculiers et réguliers qui sont tenus à la récitation des heures canoniales; et, pour la messe, elle pourra être célébrée par les prêtres qui se rendront dans les églises où se célébrera la fête de la bienheureuse. Nous accordons, enfin, la permission de célébrer la solennité de la béatification de la susdite servante de Dieu dans les églises du diocèse de Toulouse, avec office et messe du rit double-majeur, dans l'année qui suivra l'expédition des présentes. Nous prescrivons toutefois que le jour de cette solennité sera fixé par l'Ordinaire, et après seulement qu'elle aura été célébrée dans la basilique du Vatican, nonobstant les constitutions et dispositions apostoliques, décrets de non-culte, publiés jusqu'à ce jour, et tous actes contraires.

Nous voulons, au surplus, que même foi absolument soit ajoutée aux copies, même imprimées, des présentes lettres, pourvu qu'elles soient signées de la main du secrétaire de la susdite congrégation, et munies du sceau de son préfet, que celle qu'on ajouterait à l'expression de notre volonté par la manifestation des présentes.

Donné à Rome, à Saint-Pierre, sous l'anneau du Pêcheur, le premier jour du mois de juillet 1853, la huitième année de notre pontificat.

A. Card. Lambruschini.

FIN

TABLE

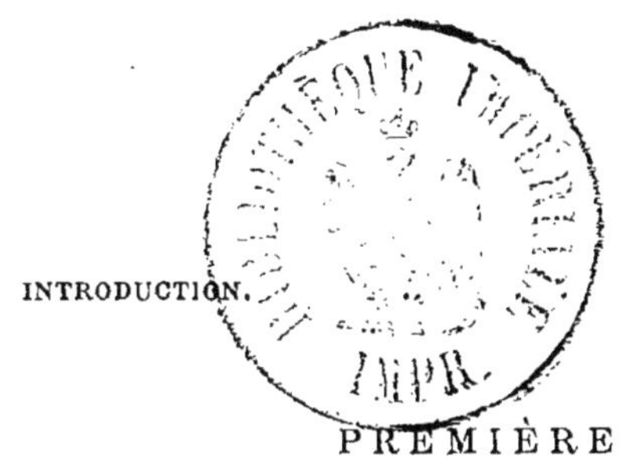

PREMIÈRE PARTIE.

SECONDE PARTIE.

— LILLE. TYP. J. LEFORT. MDCCCLXVIII. —

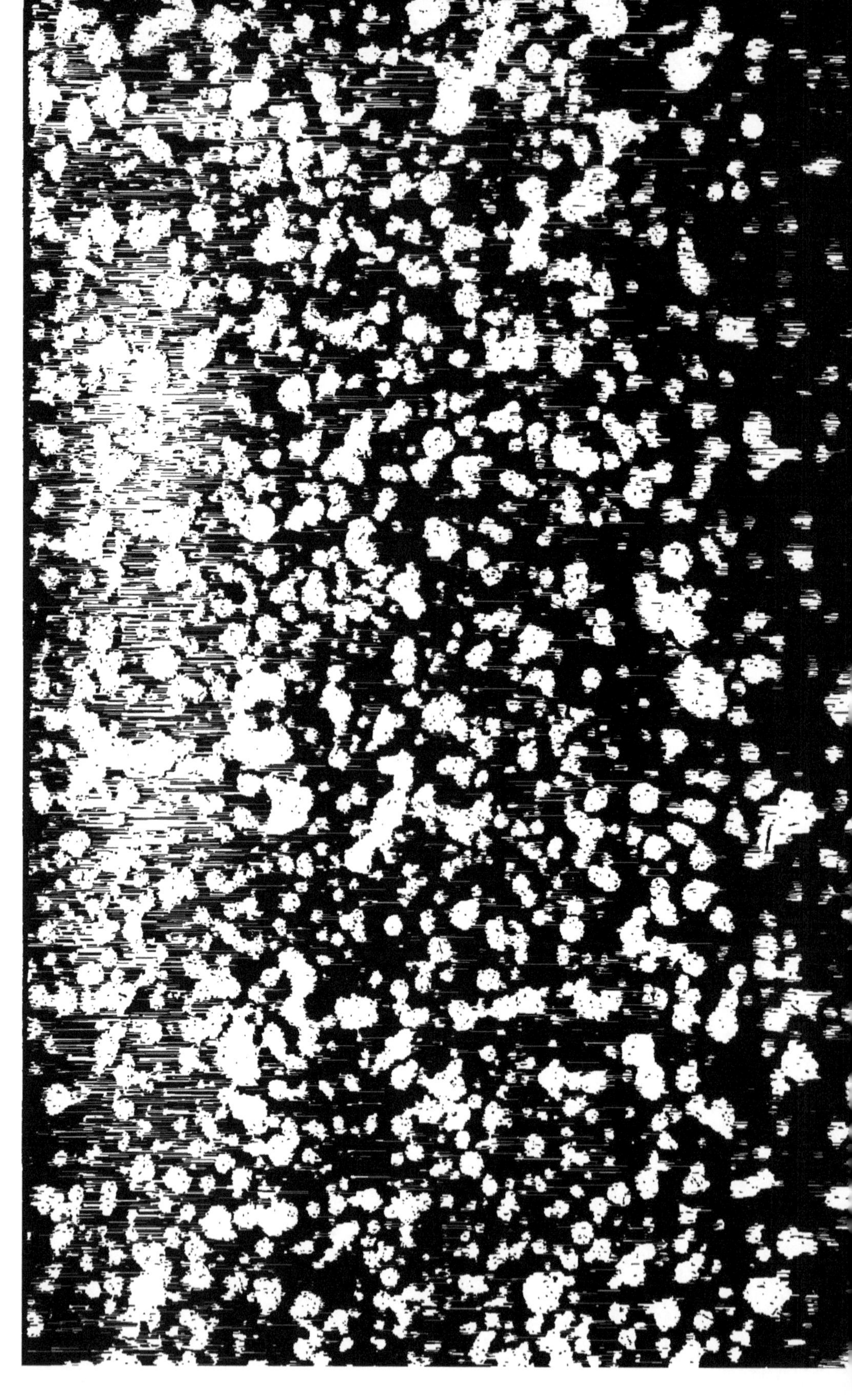

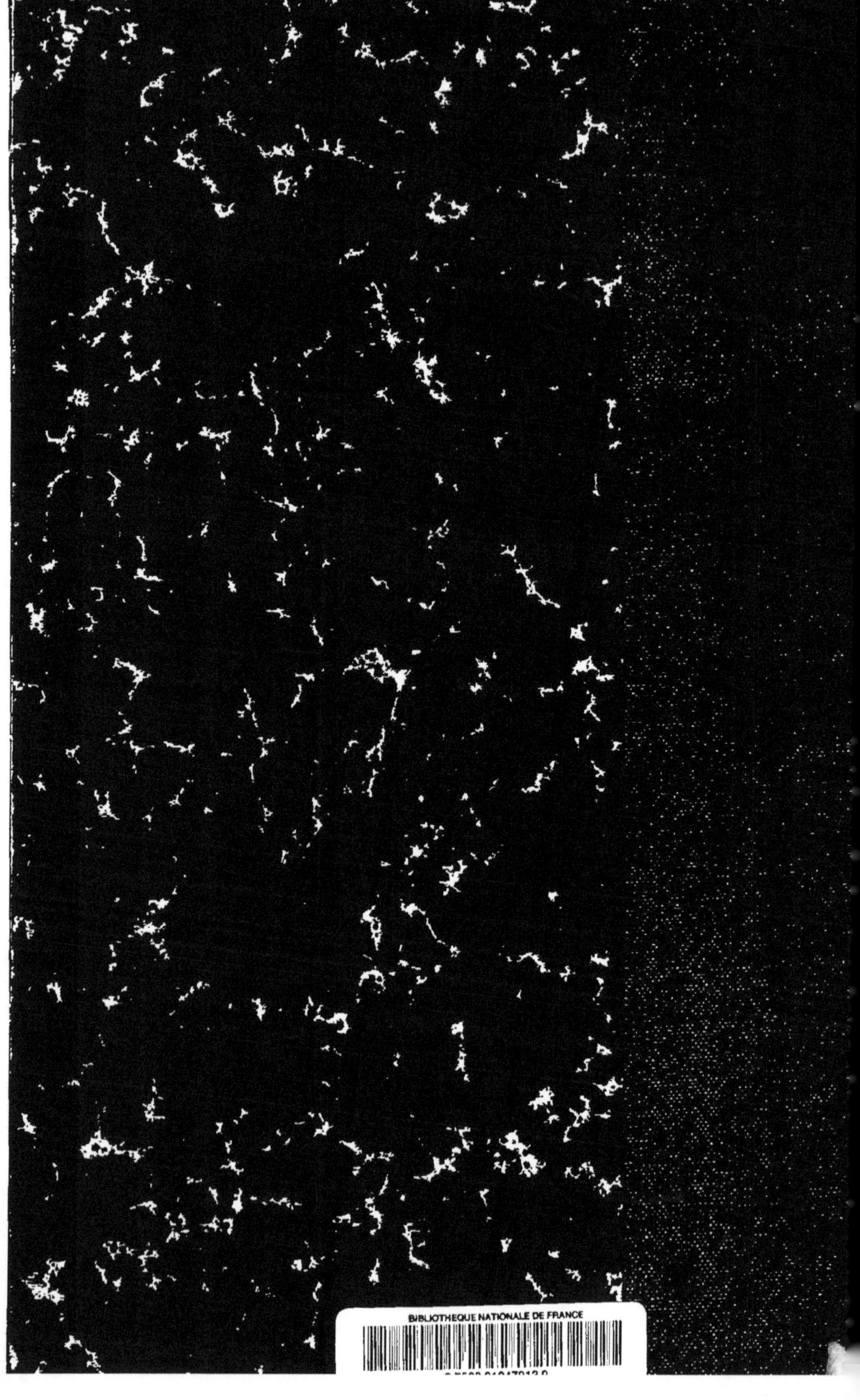

www.ingramcontent.com/pod-product-compliance
Ingram Content Group UK Ltd.
Pitfield, Milton Keynes, MK11 3LW, UK
UKHW020141200726
13856UKWH00003B/789